KB174256

그리고 영유아교사
곁에는 아무도 없었다

그리고 영유아교사 곁에는 아무도 없었다

ⓒ이정민·이재필·손여울·김예은·방현 2019

초판 1쇄	2019년 10월 21일		
지은이	이정민·이재필·손여울·김예은·방현		
기획	바꿈청년네트워크		

출판책임	박성규	펴낸이	이정원
편집주간	선우미정	펴낸곳	도서출판 들녘
편집진행	이수연	등록일자	1987년 12월 12일
디자인진행	김정호	등록번호	10-156
편집	박세중·이동하	주소	경기도 파주시 회동길 198
디자인	조미경	전화	031-955-7374 (대표)
마케팅	김신		031-955-7381 (편집)
경영지원	김은주·장경선	팩스	031-955-7393
제작관리	구법모	이메일	dulnyouk@dulnyouk.co.kr
물류관리	엄철용	홈페이지	www.dulnyouk.co.kr

ISBN	979-11-5925-462-8 (04300)	CIP	2019039546
	979-11-5925-394-2(세트)		

이 도서의 국립중앙도서관 출판예정도서목록(CIP)은 서지정보유통지원시스템 홈페이지
(http://seoji.nl.go.kr)와 국가자료공동목록시스템(http://www.nl.go.kr/kolisnet)에서 이용하실 수 있습니다.

값은 뒤표지에 있습니다. 잘못된 책은 구입하신 곳에서 바꿔드립니다.

이 저서는 민주화운동기념사업회의 후원을 받아 저술되었습니다.

그리고 영유아교사
곁에는 아무도 없었다

이정민·이재필·손여울·김예은·방현 지음

차례

여는글

우리는 '영유아교사'라는 단어를 들었을 때 어떤 생각을 하는가? 아마 많은 이들이 부정적인 단어들을 떠올릴 것이다. 이 책이 처음 기획될 무렵인 2018년 한 해를 뜨겁게 달군 화두 중 하나는 아동학대, 부실급식 등으로 대표되는 영유아교육기관 비리였다. 온갖 좋지 않은 뉴스들로 도배된 영유아교육기관의 이야기를 들을 때마다 맞벌이 등의 이유로 어쩔 수 없이 원에 아이를 맡겨야만 하는 학부모들의 마음은 까맣게 타들어갔을 것이다. "아직 말도 잘 못하는데 어린이집 보냈다가 맞고 오면 어떡해."

영유아교육기관 비리를 담은 뉴스들은 각종 언론사의 지면을 타고 차고 넘쳐났지만, 정작 이 모든 상황의 한가운데 있는 영유아교사들이 자신들의 입장을 전달할 수 있는 공간은 부재했다. e-나라지표를 통해 확인한 '어린이집 시설 종사자 현황'에 따르면 2018년 보육교사의 수는 239,996명에 이른다고 한다. 보육교사만 약 24만 명이 존재하고 있음에도, 우리 사회는 이들의 이야기를 제대로 담아내지 못하고 오히려 외면하고 있는 것이다.

영유아교사는 사회적 약자이기도 하다. 일선에서 아이들을 교육하는 가장 중요한 역할을 하고 있음에도, 고용주인 원장과 학부모 사이에 끼여 여러 편견과 오해, 불이익을 받고 있다. 실제로 많은 영유아교사들이 '저임금 고강도' 노동에 시달리고, 열악한 환경 속에서 나쁜 처우를 받으며 어려움을 겪고 있다. 무엇보다 '영유아교사' 하면 떠오르는 부정적인 이미지와 사회적 편견은 이들을 더욱 힘들게 한다. 이에 바꿈청년네트워크와 다섯 명의 저자들은 이 책을 통해 '영유아교사의 입장에서 우리 사회에 전하는 이야기'들을 담아내고자 했다.

이정민은 '영유아교사 처우'를 주제로, 휴게시간도 제대로 보장받지 못하면서 과도한 업무량에 시달리고 심지어는 월급도 제대로 받지 못하는 영유아교사들의 현실을 문제로 지적한다. 그러면서 탁상공론식의 문제 해결 방법을 제시하는 것이 아니라 진정 영유아교사들을 위한 대안이 마련되어야 한다고 주장한다.

이재필은 '어린이집 내 CCTV'를 주제로, 아동학대를 예방하기 위해 설치된 CCTV가 정말 그 기능을 제대로 수행하고 있는가에 대해 의문을 제기한다. 또 CCTV는 교사의 인권을 침해할 수 있고 아이들과 선생님의 관계를 멀어지게 할 수 있는 등 긍정적인 기능보다는 부정적인 기능이 더 크다고 주장한다.

손여울은 '영유아교사에 대한 사회적 인식'을 주제로, 영유아교육을 낮잡아 보고 특히 나이 어린 교사들을 무시하는 태도에 문제를 제기한다. 그리고 이에 반박하기 위해 영유아교사들이 얼마나 전문적인 교육을 받고, 얼마나 치열하게 고민하며 수업을 준비하는지 설명한다. 그러면서 영유아교사들은 아이들의 전인적 성장·발달을 돕기 위해 끊임없이 고민하고 연구하는 사람들이며, 그렇기 때문에 이들에 대한 부정적 인식은 개선되어야 한다고 말한다.

김예은은 영유아교사로서 오늘날 우리 아이들을 바라보았을 때 느끼는 안타까움에 대해 말한다. 오늘날 아이들은 풍성한 교육 환경 가운데 놓여 있지만 이른 나이부터 학원에 다니며 그 나이 때 즐겨야 하는 여유를 충분히 누리지 못하고 있으며, 문화센터와 교육기관을 통해 다양한 활동을 접하지만 깊이 있게 배우지는 못한다. 김예은은 아이들이 원하는 것은 사실 사소한 것이고, 이들은 일상의 작은 것들을 통해서도 많은 것을 배울 수 있다는 점을 강조한다. 그러면서 아이들이 일상의 경험들을 많이 누릴 수 있도록 부모와 사회가 함께 노력해야 한다고 주장한다.

방현은 위의 저자들이 언급했던 것과 같이 여러 가지 어려움이 있음에도 많은 이들이 계속 영유아교사로서의 삶을 이어가는 이유에 대해 말한다. 감정적 낭떠러지의 끝에 서 있는 영유아교사들을 지탱해주는 기둥 역할을 하는 것은 결국 아이들이 주는 행복이라는 것이다.

바꿈세상을바꾸는꿈은 우리 사회 2030 세대가 겪고 있는 다양한 문제를 공유하고 함께 대안을 찾는 공론장을 기획해 왔다. 오늘날 영유아교사들이 겪고 있는 문제들은 우리 사회에서 소외되어 있는 청년들의 한 단면을 보여준다. 영유아교사들의 이야기는 들어주지 않으면서 이들에 대한 부정적이고 자극적인 뉴스만 내보내는 언론, 편견과 오해를 가지고 영유아교사들을 적대적으로 대하는 사회적 시선 등이 이들을 힘들게 하지만, 오늘도 영유아교사들은 교육 현장에서 묵묵히 아이들에게 사랑과 애정을 쏟고 있다.

영유아교사가 행복해야 그 밑에서 가르침을 받는 우리 아이들도 행복할 수 있다. 물론 반사회적인 행동을 자행하는 일부 몰지각한 교사들도 있지만, 그와는 비교도 되지 않을 만큼 훨씬 많은 영유아교사들이 진정으로 아이들을 사랑하고, 사명감과 소명의식을 가지고 교육에 임하고 있다는 사실을 기억해주었으면 좋겠다.

이 책이 나올 수 있게 후원해주신 민주화운동기념사업회와 룰디스 시리즈 기획 단계부터 함께하며 끝까지 출간을 위해 힘써주신 도서출판 들녘에 감사드리며, 무엇보다 이 책이 세상에 나오게 되기까지 일 년이라는 시간 동안 집필에 힘써주신 다섯 명의 저자들에게 감사의 말씀을 전하고 싶다. 또한 오늘도 묵묵히 우리 아이들을 맡아 함께하고 있는 영유아교사 선생님들에게 한 아이의 아빠로서 진심으로 감사를 표한다.

바꿈청년네트워크 사무국장 홍명근

선생님, 퇴근 안 하세요? 아이들은 다 하원했는데

_이정민

영유아교사들을 지치게 하는 것에 대하여

초임 영유아교사*였을 때의 일이다. 2학기가 끝나갈 즈음에 우리 반 한 아이의 어머니로부터 정성스러운 편지를 받았다. 대강 소개하자면 그 내용은 이러했다.

"학기 초에 뵈었을 때는 분명 활달하고 생기 넘치는 전형적인 '초임 유치원 선생님'의 모습을 하고 계셨는데, 시간이 흐르고 연말이 되어 다시 뵙게 된 선생님에게는 지친 듯한 기색이 역력하여 진심으로 마음이 아팠습니다."

열정과 활력이 넘치는 모습으로 영유아교사로서의 첫해를 시작한 초임 유치원 선생님은 왜 교사 생활을 시작한지 일 년도 채 되지 않아서 잔뜩 지친 모습으로 변하고 말았을까? 사랑스러운 아이들과의 생활이 생각보다 그리 행복하지 않았던 것일까? 영유아교사라는 직업에서 이렇다 할 보람을 느끼지 못했던 것일까? 그게 아니라면 문제의 원인은 어쩌면 이들의 근무 환경에 있는지도 모른다. 영유아교사들은 도대체 어떤 처우를 받으며 일을 하기에 이렇게 간간이 보는 학부모까

---

* 우리나라의 0세~7세 시기의 영아 및 유아를 교육하는 교사. 영유아교사는 교육부에서 자격증을 주고 관리하는 유치원교사와 보건복지부에서 자격증을 주고 관리하는 보육교사로 이원화되어 있으나, 하는 일과 처우가 비슷하여 이 책에서는 영유아교사로 통칭하고 나눠서 써야 할 때만 보육교사나 유치원교사라는 명칭을 사용하였다.

지 느낄 수 있을 정도로 지쳐버린 것일까?

나는 아이들에게 부모만큼이나 꼭 필요한 존재이자, 오롯이 아이들만을 위해 일해야 할 영유아교사들을 지치게 하고 아이들에게 온전히 집중하지 못하게 하는 원인으로 영유아교사의 열악한 근무 환경과 처우문제를 들고, 일반적으로 잘 알려져 있지 않은 영유아교사들이 처한 현실에 대해 이야기해보고자 한다.

영유아교사의 휴게시간:
휴게시간이라 쓰고 업무 시간이라 읽는다

영유아교사에게는 점심시간이 없다

어느 직장인의 아침. 전날의 피로가 미처 가시지 않아 천근 만근인 몸을 억지로 일으켜 세운다. 출근해야 하기 때문이다. 그렇게 오늘도 졸린 눈 비비며 시작하는 오전 업무. 이것저것 서류를 들춰보고는 있지만 시선은 어김없이 시계를 향한다. 빨리 오후 12시가 되어 오전 업무의 끝을 알려주기만을 간절히 기다리는 것이다.

대부분의 직장인들에게 평일 오후 12시부터 1시는 '점심시간'으로 통하는 휴게시간이다. 퇴근 시간과 더불어 직장인 하루 일과의 활력소가 되어주는 고마운 존재다. 직장인들은 이 시간에 점심을 먹고, 근처 카페에서 커피도 한 잔 테이크 아웃해서 마시며 잠시 햇볕을 쬐기도 한다.

그렇다면 영유아교사들은 이 시간을 어떻게 보내고 있을까? 다음은 더도 말고 덜도 말고 딱 사실대로 묘사한 어린이집의 점심시간 풍경이다.

오후 12시:

교사는 점심 식사를 준비하기 위해 책상을 옮기고 아이들이 자리에 앉도록 지도한다. 아이들이 모두 앉으면 점심을 가져와 식판에 배식하기 시작한다.

"선생님, 고기 더 주세요."

배식이 다 끝나기도 전에 이미 점심을 먹기 시작한 아이가 고기를 더 달라고 한다. 추가 배식까지 끝내고 난 뒤, 교사는 남은 밥과 찬으로 식판에 자기 몫의 점심 식사를 덜어 담는다. 막 한 숟가락 뜨려는 그때,

"선생님, 밥 더 주세요."

"선생님, 흘렸어요. 닦아주세요."

사방에서 선생님을 부르는 아이들의 목소리가 들려온다. 아이들의 요구 사항을 모두 들어주고 겨우 점심을 먹기 시작한다. 그럴 때마다 어김없이 들려오는 목소리.

"선생님, 똥 마려워요." 잠시 뒤, "다 쌌어요."

아이들은 끊임없이 원하는 것을 요구한다. 아이들의 요구를 다 들어주고 있자면 교사는 점심 먹을 정신이 없지만, 오후 일과를 버텨내기 위해 겨우 밥을 국에 말아 후루룩 입에 털어 넣다시피 하고는 잔반 정리를 시작한다.

오후 12시 30분:

책상과 바닥에는 아이들이 점심을 먹다가 흘린 음식물이 잔뜩 널려 있다. 잔반 정리를 하고 아이들이 흘린 음식물을 치운다.

점심을 다 먹은 아이들은 자유 놀이를 한다. 그러는 동안 교사는 아이들을 몇 명씩 불러 양치 지도를 한다. 그러면서도 한쪽 눈으로는 계속 교실을 주시하며 아이들이 놀다가 다치지는 않는지 살핀다.

오후 12시 45분:

아이들이 양치를 모두 끝내면 자유 놀이를 마무리한다. 이후 이불을 꺼내 교실에 깔고 조용한 음악을 틀어주며 낮잠시간 준비를 시작한다.

오후 1시:

낮잠시간 준비를 마치면 아이들을 재운다. 30분쯤 후 아이들이 모두 잠들면, 뒤척이는 아이나 자다 깨서 우는 아이는 없는지 아이들의 상태를 계속 확인하면서 학부모님들께 보낼 알림장을 작성하고 밀린 업무를 시작한다.

대부분의 직장인들이 휴게시간으로 사용하는 점심시간을 영유아교사들은 이렇게 보내고 있다. 영유아교사에게 점심시간은 가장 바쁜 업무 시간이다. 단순히 점심을 먹는 시간이 아니라, 아이들에게 배식을 하고 점심을 먹이고 양치를 시키는 등 식사 준비부터 기본 생활 습관 지도까지 모두 해야 하는 시간이기 때문이다. 교사는 점심을 먹다가도 아이들이 음식물을 흘리면 닦아주러 가야 하고, 스스로 밥을 잘 먹지 못하는 아이에게는 직접 밥을 먹여주어야 한다. 아이들이 식사를 마치면 치우는 일까지 감당해야 하기 때문에 정작 영유아교사 자신은 점심시간에 커피 한 잔 마시며 휴식을 취하기는커녕 밥 한술 제대로 뜨기도 어려운 환경이다. 실제로 영유아교사들에게는 점심을 거르거나 대충 먹게 되는 날이 태반이다.

 "아이들 낮잠시간이나 통합보육시간에는 그래도 좀 쉴 수 있는 게 아닌가요?"라고 물어 오는 사람들도 있으나, 영유아교사들은 사실상 그 시간에도 제대로 쉴 수 없다. 행정 업무 등 교육* 업무 외 다른 업무를 해야 하기 때문이다. 그 자세한

---

*　현재 우리나라는 유치원과 어린이집이 이원화되어 있는 시스템이라, 흔히 보육교사의 지도에 대해서는 보육, 유치원교사의 지도에 대해서는 교육이라는 말을 사용한다. 그러나 이들은 모두 영유아들에게 지식을 가르친다는 공통점을 가지므로, 앞으로 보육교사와 유치원교사를 모두 아우르는 용어인 영유아교사를 말하며 그 지도 활동

사정은 뒤에서 차근차근 살펴보아야겠으나, 우선 이 대목에서는 이 시간을 영유아교사의 '휴게시간'으로 간주하는 시각에는 큰 문제가 있다는 점을 지적하고 싶다.

근로기준법은 휴게시간을 말하고 있지만……

> 휴게시간이란 근로자가 근로시간 도중에 사용자의 지휘·감독으로부터 벗어나 자유로이 이용할 수 있는 시간을 말하며, 현실적으로 작업은 하고 있지 않지만 조속한 시간 내에 근무에 임할 것을 근로자가 예상하고 있거나 사용자로부터 언제 근로 요구가 있을지 불분명한 상태에서 기다리는 '대기시간'과는 구별된다. 휴게 제도는 계속해서 근로함에 따라 쌓이는 피로를 회복시키고 권태감을 감소시켜 노동력을 재생산하고 근로자의 근로 의욕을 확보·유지하는 데 그 목적이 있다.[**]

간단히 말해서 휴게시간은 업무 시간 중 잠시 휴식을 취함으로써 근로자가 더 활력 있게 일할 수 있도록 하기 위해 확

을 이를 때는 교육이라 표현하도록 하겠다.

[**] https://www.elabor.co.kr/dic/

보되어 있는 시간이다. 휴게시간을 향유하는 당사자가 원한다면 그 시간동안 낮잠을 자서 체력을 보충할 수도 있고, 잠시 차 한 잔 마시며 한숨 돌릴 수도 있어야 한다. 또 휴게시간은 위에서 인용한 것처럼 누구의 지휘나 감독이 없는 자유로운 시간이다. 하나의 업무를 마치고 후속 업무를 기다리는 대기시간과는 분명 다른 개념인 것이다. 따라서 가령 식당에서 서빙 업무를 하는 근로자가 근무시간 중 손님이 없어 홀에 가만히 서 있었다고 해도, 그것을 두고 일을 안 하고 있었으니 휴게시간을 가진 것이라고 말할 수는 없다. 언제든 손님이 오면 바로 일을 해야 하는 상황이었으므로, 업무에서 자유롭지 못한 시간이었다고 보기 때문이다.

그렇다면 오늘날 대한민국의 어린이집과 유치원에서 근무하는 영유아교사들의 휴게시간은 어떻게 보장되고 있을까? 함께 들여다보기로 하자.

2018년 3월 개정된 〈근로기준법〉은 그간 업종의 특수성과 공중의 불편을 고려하여 휴게시간을 일률적으로 적용하는 데 예외로 규정하고 있던 휴게시간 특례업종을 26개에서 5개로 축소했다. 이때 제외된 업종에는 보육교사를 포함한 사회복지서비스업도 포함되어 있었다. 이에 2018년 7월 1일부터 보육교사들의 휴게시간 사용은 법적인 의무로 보장받게 되었다. (유치원교사는 〈근로기준법〉의 적용을 받지 않기 때문에 이마저도 해당되지 않는다.)*

이것은 일견 반가운 소식이다. 하루 종일 혼자서 육아해본 경험이 있는 이들이라면 알 것이다. 오전 내내 아이와 씨름하고 기진맥진해 있을 때, 잠시 아이를 낮잠 재워두고 한 시간 정도 쉰 후에 다시 육아에 임한다면, 오후에는 훨씬 더 활기찬 시간을 보낼 수 있다. 일반 가정의 육아에서도 이렇다면, 그보다 훨씬 많은 아이들과 생활하는 영유아교사들에게 휴게시간이 필요하다는 것은 말할 필요도 없는 사실이다.

보육교사들의 휴게시간이 제대로 보장된다면 이들은 보다 즐겁게 아이들을 돌보고 지도할 수 있을 것이다. 더불어 아이들의 보육 환경과 놀이 환경을 관리하는 일에도 더욱 집중할 수 있을 것이다. 따라서 보육교사의 휴게시간은 단순히 교사의 휴식 차원에 국한된 문제가 아니라 아이들의 안전과 보육의 질에도 영향을 미치는 문제이다. 그러나 사실상 보육교사들이 휴게시간을 제대로 사용할 수 없는 것이 현실이다.

* 강명수, 「보육교사 휴게시간 보장을 위한 토론회 개최」, 인천뉴스, 2019.07.05.

보육교사의 휴게시간, 이상과 현실의 차이는 너무나도 컸다

보육교사 휴게시간 사용 의무화가 시행되던 2018년 7월, 당시 내가 근무하고 있던 원의 원장님은 아이들이 낮잠 자는 동안 교사들을 불러 모으셨다. 회의 주제는 '휴게시간을 어떻게 처리할 것인가'였다. 원장님도, 교사들도 좀처럼 답을 찾지 못했다. 업무량은 그대로인데 갑자기 업무 시간 중 휴게시간을 쪼개서 사용하게 된다면 당연히 그만큼 퇴근이 늦어질 수밖에 없다. 또 잠깐만 한눈을 팔아도 어디로 튈지 모르는 것이 아이들이다. 교사들이 쉬는 동안 아이들의 안전을 보장할 수 없다는 점도 걱정이었다. 5분, 10분씩 나누어서 쉬자는 이야기까지 나왔다. 많은 이야기를 나누었지만 이날의 결론은 결국 휴게시간을 제대로 쓸 수 없다는 것이었다.

그러나 의무적으로 휴게시간을 가지긴 해야 한다고 하니, 가짜 서류를 만들기로 했다. 매일 쓰지도 않은 휴게시간을 썼다고 기록하고 서명을 하는 것이다. 정말 일이 있을 때만(일년에 많아야 눈치 봐가며 한두 번이다) 대체교사나 보조교사에게 부탁하고 휴게시간을 이용하여 잠시 나갔다 올 수 있도록 허용되었다.

그로부터 두 달쯤 지난 9월, 보육교사 휴게시간 사용 실태

점검을 앞두고 다른 교사들과 휴게시간에 대해 이야기 나눌 수 있는 기회가 있었다.

"이번에 점검하러 나온다고 그래서 지하식당에 소파를 들여 놓긴 했어요. 교사들 쉬라고요. 그런데 쉬지 못하죠. 쉬어도 아이들 낮잠시간에나 쉬어야 하는데, 아무리 자고 있다고 해도 반에 아이들만 놔두고 지하식당까지 가기는 영 불안해서……."

"말은 원 밖에 나가서 쉬라고 하는데 그게 어디 가능한 일이 냐고요. 이번 점검을 통해 실태를 제대로 파악해서, 유치원처럼 아이들이 3시에 하원하고 그 이후에 남는 아이들은 종일반 교사를 채용해서 돌볼 수 있도록 체계가 잡혔으면 좋겠네요. 그럼 교사가 잠시라도 휴게시간을 가질 수 있을 것 같아요."

"저는 불안해서 원내에서 휴게시간을 갖는데, 혹시라도 무슨 일이 생기면 바로 교실로 가야 하니까 교실 가까이에서 쉬고 있어요."

"저는 그나마 휴게시간이 생겨서 원장님 눈치 안 보고 낮잠 시간에 보육일지라도 쓸 수 있으니 편하더라고요."

"저희 원은 교사가 부족해서 30분씩 돌아가면서 휴게하고 있어요. 휴게시간에 다음 수업 준비를 하거나 활동 자료를 준비하고 일지를 쓰거나 하는데 시간이 길지 않으니 이도 저도 못 하고 일할 준비만 하다가 30분이 금방 지나가버려요. 휴게시간이 한 시간이면 그 시간에 좀 제대로 일할 수 있을 텐데 시간이 부족하네요."

"휴게시간이 의무화된 첫날 저희 원장님은 교사들보고 무조건 밖으로 나가라고 했어요. 그래서 나갔는데 10분 만에 원장님 전화 받고 다시 어린이집으로 돌아갔어요. 저희 반 아이가 낮잠 깨서 운다고 들어오라고 하더라고요. 이럴 거면 안 쉬는 게 낫죠."

"휴게시간이 의무화돼서 괜히 일만 하나 더 늘었어요. 휴게시간 사용 내역을 기록하는 서류를 만들었거든요. 제대로 사용하지도 못한 휴게시간을 가짜로 적어요."

대부분의 보육교사들은 보통 아이들의 낮잠시간을 이용해 주어지는 휴게시간에 밀린 개인 업무를 하고 있었다. (그마저도 아이들을 떠나 교사실에서 하는 것이 아니라, 아이들이 자고 있는 교실에서 아이들을 살펴가면서 한다.)

또한 마음이 아팠던 것은 분명히 '휴게시간'인데 교사들이 제대로 된 휴식을 누리지 못하고 있다는 것이었다. 이들은 새롭게 도입된 휴게시간을 평가할 때도 '쉴 시간이 생겨서 좋다' 내지는 '여전히 쉬는 시간이 너무 짧아서 아쉽다'라고 말하는 것이 아니라, '눈치 안 보고 개인 서류 업무를 할 수 있어서 좋다' 또는 '시간이 짧아서 제대로 일하기 애매하다'고 이야기하고 있었다. 교사들에게는 휴게시간이라는 개념이 너무나도 생소하기 때문에 휴게시간을 업무 시간으로 사용하고 있으면서도 일말의 문제의식조차 느끼지 못하는 것이다.

또 휴게시간에 아이들이 깨거나 울까봐 원을 떠나지 못하고 교실에서 쉬고 있다는 교사도 있었는데, 그건 사실상 휴게시간이 아니라 대기시간에 속한다. 이 경우 교사는 휴게시간을 제대로 보장받지 못한 것이다. 어떤 장소에서 휴게시간을 보낼 것인가는 전적으로 휴게시간의 주체인 교사가 자유롭게 결정할 수 있어야 한다. 하지만 현실적으로 교사가 아이들만 두고 자리를 비울 수는 없으니(복잡한 문제지만 자칫 아동학대의 하나인 방임이 될 소지가 있다) 휴게 장소를 자유롭게 정하는 것은 불가능하다.

교실에서 휴게시간을 보낸다는 것은 휴게시간을 포기하는 것이라고 봐도 과언이 아니다. 예를 들어보자. 휴게시간에 교실에 앉아서 쉬고 있는데, 아이가 울기 시작한다. 그때 그 교사가 "미안해, 지금은 내 휴게시간이고 나는 쉬고 있는 중이야. 내가 너를 안아주고 달래준다면 업무를 하게 되는 거라 지금은 너를 안아줄 수 없어. 이따가 휴게시간이 끝나면 안아줄게"라고 말할 수는 없는 노릇 아닌가.

		빈도	퍼센트	유효 퍼센트	누적 퍼센트
유효	교사 자율	20	4.2	4.2	4.2
	교사실	119	25.3	25.3	29.5
	교실	212	45.0	45.0	74.5
	외출	41	8.7	8.7	83.2
	원내에 있는 휴게 장소	67	14.2	14.2	97.5
	휴게시간 없음	12	2.5	2.5	100.0
	합계	471	100.0	100.0	

[표1] 휴게시간, 어디서 보내고 있나요?

		빈도	퍼센트	유효 퍼센트	누적 퍼센트
유효	개인 용무 처리	23	4.9	4.9	4.9
	교사 자율 휴식	139	29.5	29.5	34.4
	밀린 업무	263	55.8	55.8	90.2
	실질적 휴게시간 박탈	26	5.5	5.5	95.8
	집단 휴식	18	3.8	3.8	99.6
	휴게시간 없음	2	0.4	0.4	100.0
	합계	471	100.0	100.0	

[표2] 휴게시간, 무엇을 하며 보내고 있나요?

출처: 영유아교사에 관하여, 「보육교사 휴게시간 실태조사」, 2019.

영유아교사들은 언제쯤 쉴 수 있을까요?

영유아교사들에게 안정적인 근무 환경을 제공하고 보육의 질을 높이기 위해 휴게시간은 반드시 필요하다. 이에 제도적인 정비까지 이루어졌음에도 여전히 휴게시간을 제대로 사용할 수 없게 하는 열악한 현실적 여건이 문제가 되고 있다.

보육교사들 사이에서 사용하지 않은 휴게시간을 기록하는 가짜 서류를 작성하는 것은 이미 보편적인 현상이 되었고, 원장님의 눈치가 보여 자진해서 휴게시간을 사용하지 않기로 했다는 곳도 있었다. 또한 업무량은 줄지 않았는데 휴게시간을 사용하게 됨으로써 퇴근 시간이 늦어지고 야근을 더 많이 하게 되었다는 곳도 있었다. 또한 앞서도 살펴보았듯이 사실상 휴게시간에도 업무를 하게 되면서, '공짜 노동'을 하고 있다는 성토의 목소리가 높아지고 있는 현실이다.

실제로 지난 2019년 6월 공공연대노조가 보육교사 736명을 대상으로 조사한 내용에 따르면 휴게시간을 사용하지 못한다고 답한 경우가 68%(502명)에 달했고, 사용한 적 없는 휴게시간을 기록하는 서류를 작성해본 경험이 있다고 답한 경우도 57%(420명)나 되었다. 이외에도 응답자의 60%(442명)가량은 자신이 휴게시간을 가지는 동안 자리를 지켜줄 대체교사가 없다고 답했고, 휴게시간을 교실에서 보내며 사실상

대기시간처럼 사용하는 경우도 47%(346명)나 되었다.[*]

이에 정부에서는 보육교사의 휴게시간을 보장하기 위해 2019년 하반기 내에 보조교사 6000명을 추가로 배치할 계획이라고 밝혔지만 여전히 석연치 않은 구석이 남아 있다. 낮잠시간이 없는 유아반이나 규모가 작은 어린이집은 보조교사가 배치되더라도 휴게시간을 제대로 사용하기 어렵고, 보조교사가 투입되어 교사가 휴게시간을 가진다고 하더라도 담임선생님 없는 시간에 일어날 수 있는 안전사고나 위험에 대해서 제대로 된 대책이 없는 실정이기 때문이다. 여러 우여곡절 끝에 보조교사를 동원한다고 해도, 그 보조교사가 보육교사들이 휴게시간을 제대로 보장받을 수 있도록 수고를 경감해주는 역할을 하는 것이 아니라, 원장 업무를 지원하는 것을 주 업무로 하며 애초에 보조교사를 지원하던 때의 목적과는 다르게 운영되고 있다고 하니 문제 해결은 더욱 요원해 보인다.[**]

"차라리 휴게시간 없이 8시간 연속으로 근무하고 빨리 퇴근하는 것이 낫겠다고 생각해요."

[*] 최나영, 「보육교사 68% "근기법 개정 뒤에도 휴게시간에 못 쉰다"」, 매일노동뉴스, 2019.07.09.

[**] 최규화, 「'진퇴양난' 보육교사 휴게시간, 차라리 없애자?」, 베이비뉴스, 2019.07.09.

지난 2019년 5월, 보건복지부는 2020년 3월 전면 시행을 목표로 '대면보육 7시간+휴게시간 1시간+행정업무 1시간'으로 구성된 보육지원체계 개편안 시범 사업을 시작했다.*** 명목은 보육교사의 휴게시간을 보장하기 위해서라고 하지만, 정작 보육교사 당사자들이 원하는 것과는 상당한 괴리가 있는 정책인 것 같다는 인상을 떨쳐버릴 수 없다.

　초등학교 교사들은 업무 특성상 근무시간 동안 휴게시간을 사용하기 어렵다는 점을 고려해 한 시간 일찍 퇴근하고 있다. 하물며 초등학생보다 교사의 손길을 더 많이 필요로 하는 영유아들이 생활하는 어린이집에서 과연 보육교사들이 제대로 된 휴게시간을 사용할 수 있을까. 자포자기의 심정이 되어버릴 때면 차라리 초등학교 교사의 경우처럼 현실적으로 교사들이 휴게시간을 사용하기 어렵다는 사실을 인정하고 퇴근 시간을 한 시간 앞당기는 것이 나을지도 모르겠다는 생각을 한다. 휴게시간에 대한 대책이 마련되어 교사는 더 좋은 환경에서 행복하게 근무하고 아이들은 보다 질 좋은 교육 서비스를 받을 수 있는 날은 언제쯤에나 올 수 있을 것인가.

*** 　권현경·최규화, 「'공짜노동 그만!' 보육교사 숙원 공약, 이번엔 될까?」, 베이비뉴스, 2019.05.17.

영유아교사의 업무,
더하기는 있는데 빼기는 없다!

아이들은 하원해도 영유아교사의 업무는 계속된다

평일 오전 9시에서 9시 반 사이면, 교사들은 부모님 손을 잡고 등원하는 반 아이들을 맞이하며 학부모님과도 인사를 나눈다. 한 학부모님이 선생님과 인사를 나누자마자 불현듯 생각났다는 듯이 이야기한다.

"선생님! 어젯밤에 산책하다가 어린이집 앞을 지나가는데 불이 켜져 있더라고요. 그 시간이면 아이들도 다 갔을 텐데 왜 퇴근 안 하셨어요?"

일이 많아 야근을 했다고 하니 학부모님은 의아하다는 표정을 지으며 고생한다고 이야기하고는 떠나갔다.

"아이들도 다 하원했는데 왜 퇴근 안 하세요?"

학부모님들에게 종종 듣는 이야기다. 많은 사람들이 아이들이 하원하면 영유아교사도 퇴근한다고 생각한다. 마치 은행 문 닫았는데 왜 은행 직원은 퇴근 안 하느냐고 묻는 것과 같다. 은행 문의 셔터를 내린 뒤에야 은행 직원의 진짜 업무가 시작되듯, 영유아교사들도 아이들이 하원하면 그제야 본격적으로 업무를 시작한다.

그렇다면 영유아교사는 왜 아이들이 모두 하원했는데도 퇴근하지 못하는 것일까? 직업적 특수성 때문이다. 일반 회사에 다닐 경우 출근과 동시에 바로 업무를 시작할 수 있다. 하지만 영유아교사의 경우 아이들과의 일과 시간이 다 끝난 후에야 교사로서의 행정 업무를 시작할 수 있다. 그러니 아이들이 모두 하원한 후에도 교사는 퇴근하지 못하고 일을 해야하는 것이다.

이쯤에서 영유아교사의 업무에 대해 소개하려 한다. 영유아교사의 업무에는 우선 아이들과 함께 활동하고 아이들을 지도하는 교육 업무가 있다. 교사들은 보통 오전 9시부터 오후 4시, 또는 오후 5시까지 자신의 반 아이들과 함께하며, 점심 지도, 낮잠 지도, 기본 생활 습관 지도 등 다양한 교육 활동을 한다. 아이들의 발달 상황은 어떤지, 놀이는 잘 이루어지고 있는지 끊임없이 관찰하고 상호작용을 통해 아이들의 발달을 도울 수 있도록 한다. 이 시간 동안 교사는 온전히 아이들에게만 집중한다. 아이들과 있다 보면 항시 어떤 안전사고가 일어날지 몰라, 아이들에게서 눈을 뗄 수가 없다.

그렇게 교육 업무를 마치면 개인 업무를 시작해야 한다. 개인 업무에는 일지 등 서류를 작성하는 행정 업무, 활동을 준비하는 교육 준비 업무, 교실 청소 및 환경 구성, 학부모 관리 등이 있다.

이상의 개인 업무들은 아이들과 함께 있을 때는 하기 어려운 일들이다. 그런데 아이들은 보통 오전 9시부터 오후 6시까지 하루 종일 원에 있기 때문에, 교사가 교육 업무 외 개인 업무를 처리하기 위해서는 낮잠시간을 이용하거나 야근을 할 수밖에 없는 것이다. 개인 업무에 대략 3시간 정도 소요된다고 치면, 보육 업무를 5~6시간 정도 하고 나머지 근무시간에 개인 업무를 해야 근로시간을 제대로 지킬 수 있다. 그러나 현실은 아이들이 저녁까지 원에 있으니, 당연히 야근을 할 수밖에 없다.

매일 야근을 하니 교사는 늘상 피곤하고, 그 피곤은 어쩔 수 없이 다음 날 아이들과의 생활에도 부정적인 영향을 미치게 된다. 따라서 단순히 교사 개인의 편의의 차원을 넘어서 우리 아이들을 위해서라도 교사에 대한 처우는 개선되어야 한다. 이를 위해서는 업무 과중의 해소가 필수적이다. 그렇다면 어느 업무를 줄여야 하는가. 가장 소중한 건 우리 아이들이다. 아이들과의 시간을 줄일 수는 없다. 교육 업무 외 나머지 업무를 줄여야 한다는 것인데, 이 중에서도 아이들을 위한 교육 준비 시간은 포기할 수 없다. 결국 결론은 하나. 서류 업무를 간소화해야 한다.

'도대체 왜 그렇게 일이 많은 건데?'
보육시설 평가인증제도의 두 얼굴

이쯤에서 이런 질문이 나올 수 있겠다.

"도대체 일이 왜 그렇게 많은 것이며, 무슨 서류가 그리도 많은데?"

이에 대해서는 뒤에서도 자세히 설명하겠으나, 이 대목에서는 우선 보육교사 업무 과중의 원인으로 보육시설 평가인증제도를 지적하고 넘어가고자 한다.

보육시설 평가인증제도는 말 그대로 보육시설을 평가하는 제도인데, 모든 원은 3년마다 한 번씩 이 평가인증을 받아야 한다. 사실 평가인증제도 자체는 부모나 교사들에게 좋은 제도가 될 수 있다. 평가인증제도를 통해 아이를 어린이집에 보내야 하는 부모들은 어린이집 선택의 기준을 얻을 수 있고, 어린이집에 근무하는 교사들은 정기적으로 교사들의 근무 환경을 점검하는 평가인증 덕분에 더 나은 환경에서 근무할 수 있게 되기 때문이다.

하지만 정작 보육교사들은 평가인증을 받아야 하는 해가 되면 많이들 어린이집을 그만두기도 하고, 면접을 보러 갔을 때 올해 평가인증이 있다고 하면 그 어린이집으로의 취업을 꺼리기도 한다. 왜 그럴까? 이 평가인증을 위한 준비 과정이 상당히 혹독하기 때문이다. 실제로 평가인증 기간이 다가오면 보육교사들은 야근은 기본이고 어린이집에서 합숙을 하기도 한다. 그러니 보육교사 입장에서 이 평가인증은 여간 무서운 것이 아닐 수 없다. 평가인증을 최대 스트레스 요인으로 꼽는 교사들도 있었다. 피할 수 있다면 피하고 싶은 것이 되어버린 어린이집 평가인증제도. 아이들을 위한 더 나은 보육 환경, 교사들을 위한 더 건강한 근무 환경을 만들기 위해 실시되는 이 평가인증제도가 왜 도리어 교사들을 힘들게 하는 것일까?

보육시설 평가인증제도는 어린이집의 보육 과정 및 상호작용, 보육 환경 및 운영 관리, 건강·안전, 교직원 등 총 4가지 영역을 21개 지표, 79개의 평가 항목을 바탕으로 평가하는데, 사실 이 항목들이 요구하는 내용은 이미 보육시설에서 신경 써서 관리하는 것들이므로 평상시에 잘 운영해왔다면 평가인증 기간에 큰 어려움 없이 좋은 점수를 받을 수 있다.

그럼에도 불구하고 평가인증 준비가 어려워지는 가장 큰 이유는 그 평가 항목들을 과대 해석하기 때문이다. 보육교사들이 기존에 작성하고 있는 서류만으로도 충분히 평가 항목에 해당하는 내용들을 확인할 수 있는데, 보육시설은 혹시나

하는 노파심 때문에 자꾸만 새로운 양식을 도입한다. 그러면 교사들은 이미 한 번 정리한 바 있는 내용을 새로운 서류 양식에 처음부터 다시 기록한다. 거의 밤을 새우다시피 하여 겨우겨우 새로운 양식에 내용을 다시 정리하고 나면, 이게 조금 더 나은 것 같다며 또다시 새로운 양식을 가져와 내민다. 사실 내용은 같고 양식의 가로와 세로 방향이 달라지는 정도의 차이일 뿐인데, 어떤 원이 이 서류 양식을 사용해서 평가인증 A등급을 받았다고 하면 너도나도 따라서 서류 양식을 바꾸는 것이다. 밑 빠진 독에 물 붓기처럼 계속 의미 없는 일을 반복해야 한다는 것이 평가인증 기간에 보육교사들을 힘들게 한다. 평가인증을 준비하는 기간에는 아이들에게 제대로 신경 쓰기도 어렵다.

여기까지 살펴보았을 때 보육시설 평가인증제도가 개선되어야 함은 자명한 사실로 보인다. 현행 평가인증제도는 서류 의존도가 높은 편이다. 그러므로 평가 주체가 나서서 평가인증에 필요한 서류를 간소화한다면 현상을 좀 더 개선할 수 있을 것이다. 또 각 원의 원장들이 평가인증제도를 정확히 이해하고 접근할 수 있도록 평가 항목에 대한 교육을 확실히 실시한다면, 보육교사들이 평가인증을 준비하느라 야근을 하는 일은 없을 것이고, 그 때문에 아이들의 보육에 지장이 생기는 일도 발생하지 않을 것이다.

아이들과 교사들이 더 나은 환경에서 생활할 수 있도록 하기 위해 만들어진 보육시설 평가인증제도. 이 평가인증 때문에 교사들은 고통받고, 아이들은 이 기간 내내 분주한 선생님의 뒷모습만 바라보게 되는 아이러니한 상황은 없어져야 한다.

서류 업무는 늘어나고,
아이들과의 시간은 갈수록 줄어드는 영유아교사 업무

영유아교사들의 서류 업무를 간소화하자는 것은 오래전부터 나오고 있는 이야기다. 하지만 지금까지도 이들이 처리해야 할 서류는 간소화되기는커녕 계속 추가되고 있다.

몇 가지 예를 들어 살펴보자. 최근 미세먼지로 인한 대기질 악화가 심각한 사회문제로 대두되고 있다. 특히 아이들에게 미세먼지는 치명적이다. 이에 교사들에게는 미세먼지 수치를 고려하여 아이들의 활동을 관리할 필요가 생겼다. 미세먼지 수치가 높으면 공기청정기를 가동해 반의 공기 질을 개선하고 실외활동을 자제하면 된다. 하지만 원장님은 여기에 서류를 하나 더 추가시켰다. 교사들은 이제 매일 미세먼지 수치를 기록하고 아이들이 실외활동을 했는지 안 했는지 여부를 기록하는 서류를 작성해야 한다. 줄어든 업무 없이 새로운 업무가 하나 더 늘어난 것이다.

"선생님! 미세먼지 서류 양식을 좀 고쳐야겠어. 내가 오늘 연합회에 다녀왔는데 이게 훨씬 좋은 것 같아."

문제는 단순히 새로운 서류를 하나 더 작성하게 된 것으로 끝나지 않는다는 것이다. 원장님은 어린이집 원장 연합회 모임에 다녀온 뒤 새로운 서류 양식을 가져왔다. 페이지 방향과 표의 위치가 약간 다를 뿐, 교사가 만든 서류와 똑같이 미세먼지 수치와 실외활동 여부를 기록하는 서류였다. 그래도 별수 있나. 그동안 기록했던 미세먼지 수치와 실외활동 여부를 원장님이 새로 들고 온 양식에 옮겨 적었다. 그러나 그 이후로도 미세먼지 서류는 몇 번 더 바뀌었고(매번 적는 내용은 똑같은데 양식만 바뀌었다!) 그때마다 지난 기록을 다시 옮겨 적는 일을 반복해야 했다.

이처럼 사회적으로 주목받는 이슈가 발생할 때마다 교사들에게는 항상 새로운 업무가 더해진다. 몇 해 전 경주·포항에 지진이 발생했을 때는 급하게 안전교육을 준비해야 했다. 아이들에게 지진 관련 안전교육을 하라는 공문이 내려온 것이다. 부랴부랴 안전교육 계획안을 작성하고, 안전교육 자료를 만들어서 지진 대피 안전교육을 진행한 뒤, 평가서를 썼다.

이외에도 사회적으로 큰 물의를 빚는 아동학대 사건이 일어날 때마다, 육아종합지원센터나 구청에서는 교사들을 불러 모아 긴급교사교육을 진행한다. '긴급교육'이라고 하지만, 딱히 새로운 내용은 없다. 교사들은 매년 받아야 하는 정기 교사교육에서 이미 배웠던 내용을 한 번 더 듣고 또다시 교사연수 서류를 만들어야 했다.

물론 안전교육과 아동학대 예방이 중요한 문제라는 데는 반론의 여지가 없다. 그러나 지속적인 관심을 가지고 꾸준히 진행되어야지, 이런 식으로 무언가 사건이 발생할 때마다 급하게 들이닥쳤다가 금세 잠잠해지는 '소 잃고 외양간 고치기 식' 교육이 무슨 의미가 있을까, 라는 의문은 남는다. 이런 식의 일 처리는 아이들에게 별 도움도 되지 않을 뿐더러, 교사들의 업무를 과중시켜 이들을 피곤하게 하고 스트레스만 주는 처사라는 생각을 떨쳐버릴 수 없다.

앞서 잠시 언급했던 휴게시간 서류도 마찬가지다. 휴게시간 보장이 의무화되니 이번에는 사용하지도 않은 휴게시간을 사용했다고 기록하는 서류를 작성해야 한단다. 휴게시간을 가지라더니 오히려 업무가 더해진 셈이다.

이렇게 작성해야 하는 서류들은 무수히 많은데, 하나같이 시도 때도 없이 양식이 바뀌었다며 새로이 작성해야 한다고 하니, 교사들은 그저 고통받고 있을 따름이다. 영유아교사의 업무에는 더하기만 있고 빼기가 없다(어쩌면 곱하기도 있는지도 모른다). 계속되는 '불필요한 서류 업무 더하기'로 인해 교사들이 아이들에게 집중하며 함께하는 시간이 줄어들거나 부실해지고 있다.

영유아교사들에게 휴일의 의미를 찾아주세요

이번 달 달력에도 온통 검은 글자들 사이에 사막 속 오아시스처럼 콕콕 자리 잡고 있는 빨간 숫자들! 좀 더딘 듯해도 어김없이 찾아오는, 가뭄 끝 단비 같은 휴일만 생각하면 영유아교사들의 가슴은 설렌다. 물론 어느 누가 휴일을 목 빠지게 기다리지 않겠냐마는, 영유아교사들이 휴일을 기다리는 이유만큼은 여느 직장인들과 조금 다를지도 모르겠다.

보통 영유아교사들이 휴일을 기다리는 것은 '주말에 늦잠을 실컷 자기 위해서' '여행을 떠나기 위해서' '취미 생활을 즐기기 위해서'가 아니다.

"이번 주말에는 밀린 서류 작성해야지."

"이번 연휴에는 일해야겠다."

"이번 명절에는 서류 업무 다 끝내서 출근해야지."

바로 밀린 서류 업무를 아이들의 방해 없이 편하게 할 수 있기 때문이다.

언제부터인가 영유아교사들에게 쉬는 날은 밀린 일을 하는 날이 되어버렸다. 금요일이면 항상 노트북을 가지고 퇴근하는 모습을 쉽게 볼 수 있다. 흔히들 "꼭 게으른 사람들이 근무시간에 제대로 일 안 하고 쉬는 날 일하는 척하더라"라고 말한다. 그러나 영유아교사들이 휴일에도 일해야 하는 것은 게을러서 혹은 근무시간에 성실하지 않았기 때문이 아니다. 서류 작성은 아이들과 함께 있는 시간에는 할 수 없는 업무이고, 교사들은 거의 근무시간 내내 아이들과 함께 있어야 한다. 그래서 오늘도 영유아교사들은 주말만 기다리고 있다. 행정 업무를 눈치 보지 않고 마음껏 하기 위해······.

엄마, 이번에도 못 오지?
영유아교사의 휴일을 말하다

영유아교사, 정작 내 아이 입학식과 졸업식은 갈 수 없다

오랜만에 전 직장 동료 선생님들을 만났다. 함께 일하던 때를 떠올리며 이런저런 수다도 떨고 즐거운 시간을 보내는데, 한 선생님의 첫째 아이가 벌써 초등학교에 입학할 때가 되었다고 했다. 돌잔치 갔을 때가 엊그제 같은데 벌써 초등학생이 되었다니 시간이 참 빠르다는 이야기를 하는데, 옆에 있던 다른 선생님이 아이 입학식은 갈 수 있냐고 물었다. 그러자 곧바로 돌아오는 대답.

"당연히 못 가지. 유치원 입학식이랑 졸업식도 못 갔는데 뭐. 우리 반 애들 입학식 준비하고 진행해야 하는데 어떻게 갈 수 있겠어. 평소에도 연차를 못 쓰는데 졸업, 입학 시즌에는 더더욱 꿈도 못 꾸지."

오늘날 영유아교사의 처우는 과거에 비하면 많이 좋아졌다. 연차는 아예 꿈도 못 꾸던 시절도 있었는데, 요즘은 원장님 눈치를 봐가며 대체교사를 신청하면 가끔 쓸 수 있는 정도는 되었다. 하지만 여전히 원에 큰 행사가 있을 때는 이마저도 사용하기 어렵다. 그래서 영유아교사들은 정작 내 아이의 어린이집이나 학교에서 진행하는 부모 참여 수업이나 학부모 상담 등은 좀처럼 참여하지 못한다.

7살짜리 아들을 둔 영유아교사가 있었다. 그는 교사 일을 한 지 10년 만에 휴직을 하였다. 휴직을 함으로써 시간적 여유가 생겼고, 아들에게 좀 더 신경 쓸 수 있게 되었다. 그러던 중 아들이 다니는 어린이집에서 부모 참여 수업을 진행한다는 가정통신문을 받았다. 그는 아들이 태어나고 처음으로 부모 참여 수업을 참관할 수 있었다. 그는 부모 참여 수업에서 아들의 새로운 모습을 많이 보았고, 아들이 활동에 적극적으로 참여하는 모습에 감동받고 친구들과 잘 지내는 모습에 마음이 놓였다고 했다. 또 아들의 담임선생님과도 오랫동안 대화를 나눠볼 수 있었다. 그는 영유아교사로 일하면서 아들을 만 0세 때부터 어린이집에 보냈는데, 그로부터 7년 만에 처음으로 준비자·진행자로서가 아니라, 부모로서 내 아이의 부모 참여 수업에 갈 수 있어서 감회가 새로웠다고 했다.

물론 영유아교사들에게도 연차가 주어진다. 하지만 이미 말했듯이 이를 사용하기 어려운 것이 현실이다. 내가 쉬어버리면 그 빈자리가 그대로 다른 교사들의 업무 과중으로 이어지니, 영유아교사들의 휴가를 규정하는 법이 있어도 당연히 쉬지 못하고 또 쉬어서는 안 된다는 관행이 더 우세한 실정이다. 내 연차는 당당하게 사용할 수 있고 휴가를 신청해도 눈치 주지 않는 분위기가 되어야 하고, 또 교사들이 휴가를 가는 시간 동안 생기는 업무 공백을 채울 수 있도록 대체교사 지원 제도가 확충되어야 한다.

무엇이 교사로 자신을 외면하게 하는가

물론 지금도 대체교사 제도가 존재하여 시행되고 있으나, 실제로 대체교사를 신청하기는 하늘의 별 따기다. 어떤 보육교사는 출근길에 교통사고를 당했다. 사고로 허리를 심하게 다쳤으나, 당장 선생님의 자리가 비어버리면 안 되니 일단 출근하라는 원장님의 이야기에 아픈 허리를 이끌고 출근을 했다. 아픈 몸으로 아이들을 돌보는 것은 결코 쉽지 않은 일이었다. 급하게 대체교사를 구하기 위해 육아종합지원센터에 연락해보았지만, 이미 모든 대체교사들이 다른 원으로 출근했기 때문에 당장은 대체교사를 구할 수 없다는 대답만 돌아왔다. 그럼 이렇게 갑작스럽게 대체교사가 필요한 상황에서는 어떻게 해야 하냐고 물었지만, 어쩔 수 없다는 답변뿐이었다. 대체교사는 며칠이나 지난 뒤에야 왔고, 선생님은 그제야 겨우 치료를 받을 수 있었다.

영유아교사들은 아파도 마음대로 아플 수 없다. 교사가 아파서 교실을 비운다면 아이들과 함께할 사람이 없어지기 때문이다. 유행성 독감에 걸리더라도 마스크를 하고 출근해야 하는 경우도 있다. 그러나 어거지로 출근한다 해도, 좋지 않은 몸 상태로 체력이 넘치는 아이들을 제대로 돌볼 수 있을 리가 없다. 결국 영유아교사 자신이 아픈 것만으로도 충분히 힘들고 괴로운 일인데, 아파서 아이들을 잘 보살펴주지 못한다는 미안함, 잘못하여 아이들에게 병을 옮기게 되지는 않을까라는 걱정까지 교사의 몫으로 남는다.

예전에 같은 유치원에서 일하던 동료 교사는 조모 상을 당했는데도 출근해야만 했다. 그 교사가 출근을 하지 않으면 그 교사의 반 아이들을 지도할 교사가 없었기 때문이다. 유치원의 경우 대체교사를 구하기가 더 어렵기 때문이었다.

"새벽에 고열이 나서 응급실에 갔다가 아침에 아무렇지도 않게 출근해본 적이 있어요. 교사는 몸이 아픈 것도 다 자기 불찰이에요. 자기 몸 관리 하나 제대로 못 했다는 거니까요."

놀라울 만큼 혹독한 영유아교사들의 자기 평가에 놀랄 때가 있다. 하지만 이 세상에 자기가 아프고 싶어서 아픈 사람이 어디 있을까. 아파서 가장 괴로운 것은 바로 자기 자신인데. 무엇이 교사들을 이토록 스스로에 대해 냉담하게 하는가. 그 누가 교사라는 이유만으로 이들이 자기 자신에 대해 그토록 냉정해져야 한다고 말할 수 있을까.

사정 다 알기 때문에 피차 더욱 불편한 가정학습기간 동의서

아이들이 등원하는 한 선생님의 자리가 비어서는 안 된다. 영유아교사들이 휴가가 있어도 휴가를 쓰지 못하는 것, 독감 같은 유행병에 걸려도 마스크를 쓰고서라도 꾸역꾸역 근무할 수밖에 없는 것은 그 때문이다. 영유아교사가 휴가를 사용하기 위해서는 자신의 자리를 대신해줄 대체교사가 필요하다.

대체교사 제도는 보육교사가 연차 휴가를 사용하거나 결혼 등으로 특별휴가를 사용해야 할 때 보육 공백을 줄이기 위해 지원하는 제도이다. (아직 유치원에는 이런 제도가 없다.) 미리 신청해두면 그 기간에 대체교사가 와서 교사의 업무를 대신해주고, 대체교사를 신청한 보육교사는 휴가를 사용할 수 있다. 하지만 대체교사의 인원이 부족하여 휴가 기간에는 대체교사 혜택을 받기가 어렵다.

매년 여름, 겨울 휴가철이 되면 보육교사들도 휴가를 가고자 하기 때문에 많은 어린이집에서 대체교사를 필요로 한다. 그래서 그 기간에는 육아종합지원센터의 대체교사 제도를

사용하기 어렵다. 그렇기 때문에 매년 '가정학습기간 동의서
(명칭은 원마다 조금씩 다르다)'라는 부모도 보육교사도 불편
한 동의서가 오고 간다. 여름·겨울 휴가 기간 동안 아이를 원
에 보내지 않을 것에 동의하는 서류다. 만약 학부모들이 여기
에 동의하지 않으면 교사들은 휴가 기간에도 출근해야 한다.
그것을 아는 부모들은 그래도 선생님도 휴가를 가셔야지, 하
며 무거운 마음으로 동의에 체크해서 보내는 경우가 많다.

학부모들의 눈치를 보며 동의서를 보내는 보육교사들도 맞
벌이 가정에서 동의한다는 응답을 보내면 영 불편하고 미안
한 마음이다. 부모가 모두 출근하는데 그럼 그 시간 동안 아
이는 누가 돌보나, 부모 중 한쪽이 휴가를 내는 것도 쉽지 않
을 텐데, 사정을 빤히 알기 때문이다. 또 보육교사 그 자신
이 부모일 경우, 자신의 아이도 휴가 기간에 어린이집에 보내
지 않겠다는 내용에 동의해야 한다. 자신이 보육교사이기 때
문에 동의서에 서명해야 한다는 것을 누구보다 잘 알지만, 내
아이를 돌보기 위해서 한창 대체교사가 귀한 휴가철에 쉬어
야 한다고 생각하면 앞이 캄캄하고 막막하다. 피차 부모와 교
사가 서로에게 미안해지기만 하는 악순환의 연속이다.

손이 열 개라도 모자란 영유아교사들을 위하여

Q. 당신은 어린이집 만 1세 반 담임교사다. 오전 11시 20분, 아이들과 바깥 놀이를 하고 들어온 당신에게 다음과 같은 상황이 동시에 일어났다. 당신은 이 상황을 어떻게 해결할 것인가? 해결할 순서대로 나열해보시오.

1. A 영아가 교구장에 올라가고 있다.
2. 배변 훈련 중인 B 영아는 바지에 오줌을 싼 채 서 있다.
3. C 영아는 어린이집으로 돌아오는 길에 넘어져 무릎에서 피가 나고 있다.
4. 신입 원아인 D 영아가 엄마를 부르며 큰 소리로 울고 있다.
5. 그때, 늦게 등원한 E 영아의 학부모님이 전할 말이 있다며 당신을 기다리고 있다.

당신이라면 어떻게 할 것인가? 이런 상황에 처하게 된다면, 대부분의 사람들은 멘탈이 와르르 무너지는 것을 경험할 것이다. 그저 웃자고 낸 퀴즈가 아니다. 믿기 어렵겠지만 이것은 교사 한 명이 영아 다섯 명을 보육해야 하는 만 1세 반에서 실제로 자주 일어나는 상황이다.

우리나라 어린이집의 교사 대 아동 비율은 보육교사 한 명

당 만 0세 세 명, 만 1세 다섯 명, 만 2세 일곱 명, 만 3세 열다섯 명, 만 4세 이상 이십 명으로, 다른 OECD 국가에 비해 높은 편이다. 거기에 연령별로 한두 명씩 더 보육할 수 있게 하는 초과보육도 있다. 농어촌의 경우, 두세 명씩 초과보육하는 것도 가능하다고 한다.

아이 한 명 보기도 어려운데 혼자서 여러 명의 아이들을 보아야 하고, 과도한 서류 업무까지 해야 하는 영유아교사의 근무 환경은 열악할 수밖에 없다. 오로지 아이들에게 집중하고 아이들과의 활동, 상호작용에만 힘써도 모자랄 판에, 상황적 여건은 여의치 않으니 답답할 뿐이다.

지나치게 높은 교사 대 아동 비율은 영유아교사의 근무 환경을 열악하게 할 뿐만 아니라 교육의 질도 떨어지게 한다. 좁은 교실 크기에 비해 너무 많은 아이들이 함께 생활하다 보면 아이들 입장에서도 힘들고, 발달단계가 급변하는 영유아 개개인의 특성을 고려하여 이루어져야 하는 개별교육에도 차질이 생길 수밖에 없다.

캐나다의 경우 한 반에 아이가 두 명 이상이라면 무조건 영유아교사도 두 명 배치된다고 한다. 여기에 보조교사도 있기 때문에 영유아교사는 업무 시간에 화장실에 갈 수도 있고, 휴게시간도 사용할 수 있다. 그래서인지 캐나다 영유아교사들의 직업 만족도는 매우 높다고 한다. 우리나라도 교사 대 아동 비율이 낮아지고 한 교실에 두 명 이상의 교사가 배치되면 아이들에게 더욱 안전하고 즐거운 교육 환경을 제공할 수 있고, 교사 역시도 휴게시간이나 휴가 등을 자유롭게 쓸 수 있는 보다 나은 근무 환경을 얻게 될 것이다.

아무도 교사의 권리를 보호해주지 않는다

선생님! 이번 달에도 내 통장으로 부탁해요~

딩동! 이번 달 급여가 통장에 입금되었다는 알림이 울린다. 그래 봐야 최저임금 수준을 겨우 웃도는 정도의 금액이지만, 카드 값과 보험료를 결제하고 남는 돈으로는 지난 달 봐둔 원피스를 살까, 청바지를 살까 행복한 고민을 하며 출근했는데, 교실 앞에서 원장님을 만났다.

"선생님! 이번 달도 내 계좌로 부탁해요. 입금자명 수정하는 것 알죠?"

벌써 석 달째, 월급의 일부를 원장님께 돌려주고 있다. 석 달 전 원장님은 원이 어려우니 선생님들이 협조를 해줘야 한다고 했다. 한 시간씩 일찍 퇴근하고 일찍 퇴근한 만큼의 급여를 돌려달라는 이야기였다. 감사에 걸릴 수도 있으니 다른 이름으로 입금하거나 현금으로 돌려달라는 말도 덧붙였다.

이것은 일명 페이백! 원장님의 제안대로 실제로 한 시간 일찍 퇴근하고 그만큼의 급여를 돌려준다면 일견 문제될 것 없어 보이기도 한다. 처음 원장님은 약속한 퇴근 시간에 얼른 퇴근하라고 재촉하였다. 하지만 처리해야 하는 업무의 양은 줄지 않았다. 한 시간 일찍 퇴근하면 그만큼의 일을 하지 못하고 퇴근하게 된다. 당연히 약속한 퇴근 시간보다 더 늦게까지 근무하거나, 일찍 퇴근한다고 해도 집에 가서 밀린 업무를 해야만 일을 마칠 수 있다. 행사나 감사가 생기면 업무는 더 많아졌고, 퇴근 시간은 페이백 전보다도 더 늦어졌다. 퇴근 시간을 앞당겨주겠다고 하여 겨우 최저임금 정도밖에 되지 않는 급여의 일부를 돌려주었는데, 업무는 업무대로 다 하고, 결국 최저임금도 제대로 받지 못하고 일하는 꼴이 되어버린 것이다.

이러한 페이백은 업계의 공공연한 관행이다. 실제로 페이백을 하고 있는 유치원과 어린이집이 생각보다 많다. 공공운수노조에 따르면, 하루에 접수되는 보육교사 상담 건 중 반 이상이 페이백과 관련된 내용이라고 한다.* 면접 보러 가면 너무나 당연하다는 듯이 페이백 이야기부터 꺼낸다. 그 형태도 다양하다. 앞서 말한 사례에서와 같이 급여의 일부를 다시 입금해달라고 요구한다든지, 4대 보험료로 지출된 금액만큼 현금으로 돌려달라고 하는 것이다. 심지어 급여 통장에서 돈을 인출할 수 있는 현금카드를 하나 더 만들어 비밀번호와 함께 전달해달라고 하는 어이없는 경우도 있다. 직접 찾아서 쓰시

* 권현경, 「원장 눈치에 페이백 했다가 '부정수급자' 된 보육교사?」, 베이비뉴스, 2019.05.16.

겠다는 거다.

교사들은 이런 식으로 온갖 눈속임을 사용해 이루어지는 페이백이 불법인 줄도 알고, 페이백을 하더라도 결국 업무량은 그대로일 거라는 것도 알지만 원장님의 제안을 쉽게 거절하지 못한다. 그랬다간 어마어마한 눈칫밥을 먹게 될 것이 뻔한 데다가, 해고 사유가 발생할 시 '정리 대상 1순위'가 될 수도 있기 때문이다. 자칫하다간 원장님들 사이에서 통하는 '블랙리스트'에 올라 재취업길이 막힐 수도 있다. 가뜩이나 나이가 많아 재취업이 여의치 않은 교사일 경우, 이러한 불합리한 요구들을 단호하게 거절할 수 있는 가능성은 더욱 낮아진다.[*]

본래 영유아교사들은 호봉제로 급여를 받는 것이 관례이다. 매년 호봉표가 발표되는데, 그 호봉표대로 급여를 받고 지자체에서 주는 수당까지 받는다면 영유아교사의 급여는 과거에 비해 많이 오른 것이라고 말할 수 있다. 하지만 이 호봉표를 따르지 않고 원장이 임의로 급여를 정해서 주는 것이 대부분이다. 특히 가정어린이집은 최저임금만 겨우 받고 일하게 되는 경우가 태반이다. 그 와중에 앞서 설명한 페이백까지 이

[*] 최진주, 「보육교사에 최저임금 줬다 뺏는 어린이집」, 한국일보, 2018.08.10.

루어지기도 한다.

　간혹 "페이백하는 금액을 고려해도 그래도 어쨌든 최저임금은 받고 있는 것이 아닌가요?"라고 말하는 교사들이 있다. 최저임금을 생각할 때 정부·지자체 수당까지 포함해서 생각하기 때문이다. 그러나 최저임금 준수 여부를 판단하는 것은 교사 처우 개선을 위해 지급되는 정부·지자체 수당을 제외한 기본급만을 기준으로 이루어져야 한다. 따라서 이런 경우 사실상 원장들이 지자체 수당을 착복하고 있는 것이나 다름이 없다. 공공운수노조에 따르면 가정어린이집과 민간어린이집이 보조교사를 정교사로 등록하는 경우가 흔하다고 하는데, 페이백 협상을 통해서 5~6시간 근무하기로 한 교사를 8시간 근무하는 교사로 등록하여 그만큼 더 많은 지원금을 받는 경우도 있다고 한다.**

　가정어린이집이나 규모가 작은 유치원이라고 해서 일이 적거나 서류가 간소화되어 있는 것은 아니다. 마찬가지로 급여를 제대로 받지 못한다고 해서, 영유아교사들이 하는 일이 더 가벼워지는 것도 아니다. 오늘날 영유아교사들은 노동에 비

** 　권현경, 「'페이백' 보육교사, 최저임금 돌려받았다」, 베이비뉴스, 2019.05.15.

해 터무니없이 적은 급여를 받으면서도 야근까지 하고, 그다음 날이면 또다시 웃으며 사랑하는 아이들을 맞이하는 나날을 보내고 있다.

출산휴가? 육아휴직?
원장님! 그 선생님한테 약점 잡힌 것 있어요?

몇 년 전, 유치원에서 근무했을 때의 일이다. 그 당시 나는 첫째 아이를 임신한 상태였지만 감사하게도 건강한 체질이었기에, 원장님이 출산휴가만 준다면 임신 기간에도 일을 할 수 있을 것 같았다. 아이들과 함께 있는 것이 태교에도 도움이 될 것이라 생각했다. 2학기 말이라 이미 다음 학년도 재직이 결정났었고 새 학기 준비도 거의 마친 상황이었다. 또 평소에 원장님과 수다도 많이 떨 정도로 관계가 좋았던 터라 임신 소식을 알리면 당연히 축하해주시리라 기대했었다. 그러나 임신했다고 말하며 출산휴가 이야기를 꺼내는 순간, 원장님은 표정을 싹 바꾸며 이렇게 말씀하셨다.

"임신한 선생님이 어떻게 아이들을 봐요? 퇴사하세요."

새 학기에 대한 기대가 컸던 터라 심정적으로도 무척 아쉬웠고, 실업급여를 받지 못하는 유치원교사 신분이었기 때문에 경제적인 부분에서도 어려움을 겪어야 했다.

그로부터 어느 정도 시간이 흘러 다른 어린이집에서 근무하고 있을 때 둘째 아이를 갖게 되었다. 첫째 아이를 가졌을 때의 경험 때문에 원장님께 출산휴가 이야기를 꺼내기가 쉽지 않았다. 고민 끝에 그냥 먼저 그만두겠다고 이야기하기로 마음먹었는데, 다행히 원장님께서는 출산휴가와 육아휴직을 써도 된다고 말씀해주셨고, 임신 기간 중에도 많이 배려해주셔서 만삭까지 근무했는데도 큰 어려움 없이 건강하게 출산할 수 있었다.

출산 후 병원으로 문병 와주신 원장님과 대화를 나누던 중에 이런 이야기를 들었다. 어린이집 원장 연합회의 다른 원장님들이 우리 원장님에게 "원장님, 그 선생님한테 뭐 약점 잡힌 것 있어요? 왜 출산휴가를 줘요? 그만두게 해야지"라고 말했다는 것이다. 원장님은 당연히 출산휴가를 줘야 하는 것이 아니냐고 말씀하셨지만, 연합회 원장님들의 대부분이 우리 원장님을 이해하지 못하는 분위기였다고 한다.

대부분의 영유아교사들은 출산휴가와 육아휴직을 사용하지 못하는 분위기 속에서 근무하고 있다. 임신을 하면 당연히 그만둬야 하는 관행이 있어, 입사 면접을 볼 때 결혼 계획과 임신 계획이 당락 여부에 영향을 미치기도 한다.

오늘날 국가는 직장에 계속 다니기 위해 자녀 출산을 포기하지 않아도 되는 사회를 만들기 위해 여러 정책을 내놓고 있다. 부모들에게는 비용 부담 없이 자녀를 늦게까지 어린이집에 맡길 수 있도록 연장보육 비용을, 어린이집에는 연장보육반 전담교사를 채용할 수 있도록 인건비를 지원하는 것이 그중 하나다.* 이러한 일련의 시도들을 두고 소위 '국가 책임보육'을 위한 노력이라고 하는데, 나는 왠지 자꾸만 정작 임신한 영유아교사들은 그 '책임'에서 소외되는 것 같다는 생각이 든다.

아이들과 함께하는 직업, 영유아교사. 부모들은 아이들을 교사에게 맡김으로써 마음 편히 직장에 다닐 수 있다. 그리고 교사들은 그 시간 동안 아이들에게 부모가 해줄 수 없는 일들을 대신 해주고 있다. 하지만 정작 교사 자신은 자신의 아이들을 돌볼 수 없는 것이 현실이다.

직장에서 휴대폰을 걷는다고?

얼마 전 인터넷 신문 기사로 영유아교사의 업무를 보조할 수 있는 스마트폰 어플리케이션을 출시한다는 내용을 접했다. 그

---

* 박혜정, 「내년 3월부터 어린이집 '연장보육'… 눈치 안 보고 자녀 맡긴다」, 아시아경제, 2019.09.19.

중에는 최근 잇따른 통학 차량 사고에 대한 경각심을 반영한 듯 아이들의 통학 차량 승·하차 여부를 자동으로 확인하고 교사들에게 알려주어 미처 통학 차량에서 내리지 못한 아이가 있을 시 교사가 이를 발 빠르게 확인하고 대처할 수 있도록 하는 어플리케이션도 있었고, 원 내 온도와 습도, 미세먼지 수치를 실시간으로 모니터링할 수 있는 어플리케이션도 있었다.[**] 또 위급 상황 발생 시 스마트폰을 흔들거나 앱을 실행하기만 하면 바로 사고 접수를 할 수 있는 어플리케이션도 있다고 했다.[***] 반가운 소식이었다. 영유아교사의 업무 과중도 대폭 해소할 수 있을 것으로 기대된다고 했으니. 그러나 당사자인 영유아교사들의 반응은 미적지근하기 그지없었다.

"원장님이 휴대폰을 내라고 하는 곳은 어떻게 하죠?"

"저희 원은 일과 시간 동안 휴대폰 사용 금지입니다."

실제로 휴대폰을 걷는 유치원, 어린이집 들이 많이 있다. 원장님이 휴대폰을 내라고 하면 군말 없이 내는(그래야만 하는) 분위기이다. 유치원과 어린이집에서만 일하고 일반 기업 근무

[**] 한준석, 「경기도, 영유아 등하원 스마트폰 확인하는 시스템 구축한다… 보육교사 업무과중 해소 효과도 기대」, 경인방송90.7MHZ, 2019.08.13.

[***] 윤슬기, 「성동구, 전 어린이집 500명에 안심이앱 보급」, 뉴시스, 2019.07.08.

경험은 없는 나는 원래 그런 건지, 다른 직장들은 어떤지 궁금해졌다. 그래서 지인들에게 물어봤다. 출근하면 휴대폰을 걷는 회사에 다녀봤거나 들어본 경험이 있느냐고.

"휴대폰을 걷는다고? 세상에 그런 회사가 어디 있어?"

"뭐 그런 곳이 다 있어? 학교도 아니고 휴대폰을 왜 걷어?"

"당연히 걷으면 안 되지. 업무용도 아니고 개인용 휴대폰이면 더더욱."

도대체 왜 그토록 많은 유치원과 어린이집에서는 이렇게 '일반인'의 눈으로 봤을 때 도저히 이해하기 힘든 일들이 일어나고 있는 것일까? 물론 교사가 아이들과 함께 있는 시간에 휴대폰을 확인하느라 업무에 집중하지 않는다면, 교육의 질이 떨어지고 안전사고가 발생하는 등 문제가 생길 수 있다. 그러나 이는 교사가 스스로 판단하고 자발적으로 행동을 조정할 수 있는 영역이다. 책임감은 교사의 기본 소양이기 때문에, 나는 교사라면 휴대폰을 걷지 않아도 자발적으로 자신이 맡은 업무와 돌보고 가르치는 아이들에 대한 책임을 다할 수 있을 것이라고 믿는다.

백번 양보해서 어린이집에서 휴대폰 사용에 제약을 둔다고 해도 개인 가방이나 사물함에 보관하도록 하는 것과 휴대폰을 걷어 가는 행위는 그 의미 자체가 판이하게 다르다. 또 오늘날 휴대폰은 단순히 연락 수단으로서의 기능을 넘어 지갑 대용품이자, 개인의 신분을 증명하는 역할까지 한다. 공인인증서가 들어 있어 은행 거래와 결제를 할 수 있고, 휴대폰 하나를 습득하는 것만으로 그 휴대폰 주인에 대한 모든 것을 알 수 있는 세상이다. 휴대폰을 걷음으로 인한 개인정보 유출이나 사생활 침해에 대한 우려가 전혀 기우가 아닌 것이다. 실제로 제주시의 한 어린이집에서는 원장이 보육교사의 휴대폰을 몰래 보고 보육노조 가입 사실을 확인한 후 퇴사를 종용한 사례가 있었다.[*] 다른 원에서는 절대 이런 일이 일어나지 않을 것이라고 어떻게 장담할 수 있을까.

교사들의 휴대폰을 걷어 가는 영유아교육기관들의 진의는 무엇인가? 어쩌면 교육의 질과 업무 집중도는 부차적인 문제고, 교사를 믿지 못하기 때문은 아닐까? '군기'를 잡으려는 의도인지도 모른다. 그러나 이유 불문하고 개인의 물건을 타자가 마음대로 걷어 갈 수 있다는 사실 하나만으로도 그것은 영유아교사에 대한 인권 침해임이 분명하다. 가뜩이나 최근 이슈가 되고 있는 아동학대 사건들로 영유아교사들은 억울하게 의심받고 주눅 들어 있다. 그런 상황에서 원장들까지 이들

[*] 김영헌, 「제주 어린이집 보육교사 저임금·갑질에 시달려」, 한국일보, 2019.06.24.

을 믿어주기는커녕 도리어 감시하려들면, 영유아교사들은 도 대체 누구를 믿고 일하란 말인가?

아무도 교사를 보호해주지 않는다

'견학지에서 돗자리에 묻은 흙을 털고 있던 어린이집 교사가 안기려고 하는 제 4살짜리 조카를 밀쳐냈고, 결국 제 조카는 넘어졌다고 합니다.'

　2018년 김포 지역의 한 카페에 이런 내용의 게시글이 올라 왔다. 그 장면을 직접 본 것은 아니지만, 교사가 아이를 밀쳐 내는 듯한 장면을 보았다는 인근 시민 십여 명의 진술을 들 었다고 했다.* 사안은 일파만파로 확장되어 해당 아이의 부모 와 친척이 어린이집에 찾아와서 교사를 무릎 꿇리고 얼굴에 물까지 뿌리는 사태가 발생했고, 교사의 실명과 사진, 근무하 는 어린이집을 포함한 신상정보가 유출되어 악성 댓글과 항 의 전화가 쇄도했다. 결국 교사는 '내가 다 짊어지고 갈 테니 여기서 마무리됐으면 좋겠다, 어린이집과 다른 교사들에게 피 해가 가지 않도록 해달라, 미안하다'는 내용의 유서를 남기고 스스로 목숨을 끊었다. 이후 검찰은 아이의 이모를 폭행 혐의

---

*　이선기, 「아동학대 의심 보육교사 스스로 목숨 끊어…지역 맘카페 신상털이 '공분'」, 시사포커스, 2018.10.16.

로, 교사의 개인정보를 쪽지를 통해 카페의 다른 회원들에게 전송한 카페 회원 두 명을 명예훼손 혐의로, 교사 당사자의 동의 없이 개인정보를 제공해 〈개인정보보호법〉을 위반한 혐의로 해당 어린이집 원장을 불구속기소했다.[**]

이 사건을 보면 물론 '밀치는 듯한 장면을 봤다고 들은 것만을 가지고' 오해해서 신상을 공개하고 카페에서 선동까지 한 것이 가장 큰 문제처럼 보이지만, 검찰의 기소 결정을 통해서도 볼 수 있듯이 어린이집의 원장에게도 못지않은 책임이 있다. 아동학대가 아니었고, 조금만 대화하면 오해를 풀 수 있는(실제로 해당 교사는 아이의 부모와 대화를 통해 오해를 풀었다고 한다) 상황이었음에도 불구하고 원장은 성난 아이의 부모와 친척 앞에서 교사를 사과하게 하면서 무릎까지 꿇게 만들었다. 여기에 한술 더 떠 교사의 신상을 외부로 유출하기까지 했다.

나는 이 사건을 보면서 몹시 마음이 아팠다. 그의 이야기가 곧 내 이야기처럼 느껴져서. 섣불리 다 그렇다고 말할 수는 없겠지만, 실제로 유치원이나 어린이집에서 어떤 사고가 발생했을 때 교사를 보호해주는 경우는 매우 드물다. 원장님

[**] 지홍구, 「'김포 보육교사 자살'… 檢, 맘카페 회원·아동 이모 등 4명 기소」, 매일경제, 2019.02.21.

마저 학부모의 비위를 맞추느라 교사의 편을 들어주지 않고 교사가 잘못하지 않은 일에도 사과하게 만들거나, 교사의 뒤에 숨어 교사가 직접 해결하게 한다. 그러나 자신이 채용한 교사도 제대로 믿지 못한다면 어떻게 그가 한 보육시설의 장이라 말할 수 있을까. 소속된 교사의 권리 하나조차도 제대로 지켜주지 못하는 시설을 도대체 어떻게 믿고 내 아이를 맡길 수 있을까.

을 중의 을, 영유아교사들을 도와주세요

"억울하게 생을 마감한 을 중의 을 보육교사의 억울함을 풀어주세요."

김포 보육교사 자살 사건 이후 청와대 사이트에 올라온 국민청원에는 동료 영유아교사들의 처절한 절규가 담겨 있었다. 현재 많은 영유아교사들은 정말 '을 중의 을'이라 할 만한 열악한 환경에서 근무하고 있다. 매일 야근을 해야 할 만큼 업무량이 많은데, 이에 걸맞은 대우를 받지 못하고 온갖 부당한 요구까지 겪게 되면서 감정적인 소모가 상당하다. 그래서 어린이집 교사들은 이직률도 상당히 높은 편이라고 한다. 이들은 오늘도 감정적 낭떠러지의 끝에서 위태로운 하루하루를 이어나가고 있다.

현재 보육교사는 〈근로기준법〉, (사립)유치원교사는 〈사립학교법〉의 적용을 받는데, 모든 근로자에게 해당되는 〈근로기준법〉, 사립유치원부터 초·중·고등학교까지를 대상으로 하는 〈사립학교법〉은 영유아교사에게 적용하는 데 한계가 있다. 영유아교사의 근무 환경은 아이들의 보육 환경이라는 점에서 매우 특수하기 때문이다.

가령 앞서 살펴본 휴게시간에 대한 논의만 봐도 알 수 있듯이, 영유아교사들은 〈근로기준법〉을 통해 휴게시간을 일괄 적용받는 데 어려움이 있는데, 그로 인해 가짜 휴게시간 서류를 작성하게 하기보다는 차라리 급여를 올려주거나 출퇴근 시간을 조정해주는 것이 영유아교사들에게 더 도움이 되고 만족도도 높아지는 일일 것이다. 영유아교사들에게 특화되어 이들을 최대로 보호해줄 수 있는 법이 필요하다.

또한 영유아교육시설 차원에서도 영유아교사들의 업무 과중 경감, 업무 환경 개선을 위한 노력이 필요하다. 과도하게 중복되는 서류 업무는 야근으로 이어지며 영유아교사들을 지치게 하고, 정작 중요한 교육·활동 준비에는 소홀해지게 할 수도 있다. 간단한 서류 양식을 두고 정말 꼭 필요한 서류만 작성할 수 있는 업무 환경을 만들어 서류보다 우리 아이들에게 좀 더 집중할 수 있도록 하는 것이 교사도 행복하고 시설도 경쟁력을 갖출 수 있는 길이다.

그리고 영유아교사들이 법적으로 주어진 휴가, 출산휴가, 육아휴직 등을 눈치 보지 않고 사용할 수 있는 분위기가 조성되어야 하고, 업무 공백을 메워줄 대체인력이 필요하다. 그러나 대부분의 영유아교육시설이 교사 개인이 스스로 권리를 주장할 수 있는 분위기가 아니고, 또 대개 시설은 노조를 구성할 만한 규모도 되지 않기 때문에 이들이 권리를 주장할 수 있으려면 공식적인 기관이나 전 영유아교사 차원의 연대가 필요하다.

이상에서 주장한 영유아교사 처우 개선은 단순히 교사들만을 위한 것이 아니다. 영유아교사들의 처우는 곧 교육의 질과 연결되어 있는 문제이다. 교사들의 처우가 개선되어 이들이 정말 아이들에게만 집중할 수 있는 환경이 조성된다면 영유아교육시설의 질적 수준은 자연스럽게 향상될 것이다.

아무 걱정 없이 아이들과 함께하는 순간을 가장 소중히 할 수 있는 행복한 선생님이 많아지길 기원한다. 또 아이들은 그런 선생님으로부터 사랑을 듬뿍 받아 행복한 어린이로 자랄 수 있는 날이 하루빨리 오기를 바란다.

참고문헌

강명수, 「보육교사 휴게시간 보장을 위한 토론회 개최」, 인천뉴스, 2019.07.05.

권현경, 「'페이백' 보육교사, 최저임금 돌려받았다」, 베이비뉴스, 2019.05.15.

권현경, 「원장 눈치에 페이백 했다가 '부정수급자' 된 보육교사?」, 베이비뉴스, 2019.05.16.

권현경·최규화, 「'공짜노동 그만!' 보육교사 숙원 공약, 이번엔 될까?」, 베이비뉴스, 2019.05.17.

김영헌, 「제주 어린이집 보육교사 저임금·갑질에 시달려」, 한국일보, 2019.06.24.

박혜정, 「내년 3월부터 어린이집 '연장보육'… 눈치 안 보고 자녀 맡긴다」, 아시아경제, 2019.09.19.

실무노동용어사전(https://www.elabor.co.kr/dic/).

영유아교사에 관하여, 「보육교사 휴게시간 실태조사」, 2019.

윤슬기, 「성동구, 전 어린이집 500명에 안심이앱 보급」, 뉴시스, 2019.07.08.

이선기, 「아동학대 의심 보육교사 스스로 목숨 끊어…지역 맘카페 신상털이 '공분'」, 시사포커스, 2018.10.16.

지홍구, 「김포 보육교사 자살'… 檢, 맘카페 회원·아동 이모 등 4명 기소」, 매일경제, 2019.02.21.

최규화, 「'진퇴양난' 보육교사 휴게시간, 차라리 없애자?」, 베이비뉴스, 2019.07.09.

최나영, 「보육교사 68% "근기법 개정 뒤에도 휴게시간에 못 쉰다"」, 매일노동뉴스, 2019.07.09.

최진주, 「보육교사에 최저임금 줬다 뺏는 어린이집」, 한국일보, 2018.08.10.

한준석, 「경기도, 영유아 등하원 스마트폰 확인하는 시스템 구축한다… 보육교사 업무과중 해소 효과도 기대」, 경인방송90.7MHZ, 2019.08.13.

어린이집 CCTV는 아이들을 위한 것이 아니다

_이재필

CCTV가 돌아가기 시작하자, 어린이집에는 생기가 사라졌다

"CCTV 방송 중에는 말하지 마세요."

2012년 처음 어린이집에 취업했을 당시 선배 교사가 해준 조언이었다. 내가 있던 어린이집은 아직 〈영유아보육법〉이 개정되어 어린이집 내 CCTV 설치가 의무화되기 전이었음에도 매일 오전 10시부터 오후 12시까지 음성을 포함한 CCTV 영상을 가정 TV로 송출하고 있던 원이었다. 내게 조언해준 선배 교사는 정말 그 시간 동안에는 아이들의 요청에만 기계적으로 대답할 뿐, 그 밖의 다른 말은 하지 않았다. 우는 아이를 달래줄 때도, 아이들 간의 다툼이 있을 때도 아무런 감정의 동요 없이 묵묵히 움직였다. 그 행동에 딱히 문제가 있었던 것은 아니지만, 갓 들어온 신입 교사의 눈에는 그런 교실 분위기가 마냥 기괴하고 무겁게만 느껴졌다. 로봇처럼 움직이는 교사. 아이들에게 무언가 말을 할 때에도 선배 교사의 표정에는 미동도 없었다.

하지만 오후 12시가 되고 방송이 끝나자 교실의 분위기는 완전히 달라졌다. 교사의 얼굴에 표정이 생기기 시작했고, 아이들을 안아주고 밥을 먹여주는 행동 하나하나마다 활력이 넘쳤다. 말에 생기가 돌고, 리듬감이 느껴졌다. 이에 따라 아이들의 행동도 한층 밝아졌다. 교실에는 듣기 좋은 시끌벅적한 소리가 가득 찼고, 오전의 침묵에서 느껴졌던 기괴한 분위기는 흔적도 찾아볼 수 없었다. 마치 흑백 TV를 보다 컬러 TV로 바뀐 것 같은 극적인 변화였다.

어린이집 CCTV 설치 의무화부터
실시간 열람 논쟁에 이르기까지

어느 아동학대 보육교사가 쏘아 올린
조금 큰 공, CCTV 의무화

2015년 1월 8일 김치를 먹지 않는다는 이유로 만 2세 아동
의 뺨을 때린 한 보육교사의 모습을 담은 CCTV 영상이 뉴스
와 SNS를 통해 퍼져나가며 우리 사회에 큰 충격을 주었다. 보
육교사들의 인성에 대한 논란이 일었고, 그 해결 방법으로 보
육교사 자격 기준 강화, 인성검사 등이 거론되었다. 그렇게 보
육교사는 '교사'가 아니라, 인성이 덜된 사람들이 쉽게 자격
증을 취득하여 할 수 있는 일, 혹은 '사회적 루저'들의 최후의
보루로서의 '직업'으로 인식되기 시작했다. 인터넷 기사마다
차마 입에 담지 못할 말로 보육교사라는 직업을 욕하고 비하
하는 댓글들이 넘쳐났다. "죽여버려야 한다" "쓰레기 집단이
다" 등부터 시작해서, "클럽 가보면 죄다 보육교사더라"와 같
은 여성 종사자가 많은 직업 특성을 반영한 여성혐오와 성적
희롱까지 난무했다.

　이런 비난은 불합리하고 비이성적인 것이었다. 일부 몰지각
한 보육교사의 반사회적인 행위로 인해 사명감을 가지고 묵

묵히 맡은 자리를 지키며 아이들을 사랑으로 돌보고 있는 다수의 보육교사들까지 싸잡아서 비난하는 것은 옳지 않은 행동임이 분명했다. 그러나 무자비하게 쏟아져 내리는 사회적 혐오와 분노 앞에서, 어제까지만 해도 나에게 전적인 신뢰를 보여주었던 학부모의 눈빛이 의심과 불안으로 차오르는 모습을 지켜보면서, 아무런 잘못도 없이 사회적 감정 쓰레기통으로 전락해버린 다수의 보육교사들은 그저 고개를 숙일 수밖에 없었다.

보육교사들을 향한 의심의 눈초리는 쉽게 사라지지 않았다. 혹시나 아이를 학대하지는 않는지 보육교사를 감시해야 한다는 여론이 거세게 일었고, 이에 발맞추어 국회에서는 서둘러 어린이집 내 CCTV 설치 의무화 법안을 마련했다. 이로써 2015년 4월 〈영유아보육법〉이 개정됨으로써 어린이집 내 CCTV 설치가 의무화되었고, 전국에 있는 모든 어린이집의 교실마다 CCTV가 설치되었다.

학부모는 여전히 불안하다,
CCTV 실시간 열람을 두고 벌어지는 갈등

그로부터 수년이 지난 현재까지도 어린이집 CCTV는 뜨거운 화두다. 이제 우리 사회는 CCTV 의무 설치를 넘어서 실시간으로 교사들의 행동을 감시하고 싶어 한다. 청와대 국민청원 게시판에는 '어린이집 CCTV 실시간 열람'을 요구하는 청원이 50건 이상 올라와 있다. 모 인기 TV 프로그램에서는 어린이집 CCTV 실시간 열람 찬반 토론을 진행하기도 했다. 이미 교실 안의 상황을 CCTV로 녹화하는 것이 당연한 일이 되어버린 현 상황을 보면 CCTV 실시간 열람도 마냥 불가능한 일이라고만 할 수는 없을 것이다. 보육교사 직에 몸담고 있던 사람으로서 씁쓸한 심정이다.

"CCTV가 있으면 뭐 하나요? 볼 수가 없는데. 또 이미 사고가 일어난 다음에 서류 작성하고 온갖 절차 다 밟아서 영상을 열람해봤자 사후약방문일 뿐이잖아요. 그땐 이미 늦는다구요. CCTV 영상을 실시간으로 열람할 수 있게 해주세요"라고 말하는 학부모의 주장은 일견 합리적이다. 이해할 수 없는 것도 아니다. 현재 학부모가 어린이집 CCTV 영상을 열람하기 위해서는 여러 가지 어려움을 겪어야 하기 때문이다.

어린이집에 다녀온 아이의 몸에 납득할 수 없는 상처가 생기거나, 정서적으로 몹시 불안해하는 등 가정에서 이상 행동을 보이면 부모의 가슴은 걱정으로 뛰기 시작한다. 이에 어린이집 CCTV 영상을 보고자 할 경우 부모는 신청서 포함 여러 서류를 작성해 어린이집 원장에게 직접 열람을 요청해야 한다. 원장이 사안을 검토하고 영상 열람 승인을 내주기까지는 수일이 걸리고, 이 기간 동안 증거 인멸의 우려가 있다.[*] 실제로 영상을 보고자 찾아가면 'CCTV가 꺼져 있었다' '마침 그때 CCTV가 고장 난 상태였다' '이상하게 그날 CCTV 영상이 저장되지 않았다'라고 말하며 영상을 보여주지 않는 경우도 많다고 한다.[**] CCTV 영상을 확인하고 싶다고 하면 돌아오는 교사들의 차가운 반응도 학부모들을 얼어붙게 한다. "지금 제가 아동학대를 했다고 의심하시는 건가요?"라고 날카롭게 물어 오는 경우도 있었다고 한다.

걱정하는 부모 마음을 헤아리지 못하는 것은 아니지만, 그래도 온 마음과 정성을 다하여 아이들을 돌보고 가르쳐온 교사 입장에서는 서운할 수밖에 없는 일이다. "정말 떳떳하다면 그냥 보여주면 되잖아! 잘못한 게 없는데 뭐가 문제야?"라고 말하는 사람을 보면 가슴이 답답하다. 누군가 만약 CCTV를 통해 자신의 업무 상황을 실시간으로 지켜보겠다고 하면 어떨까? "나는 떳떳하지 않고 성실히 업무에 임하고 있으니 얼

[*] 김민호, 「"어린이집 CCTV 요청 즉시 열람" "보육교사·아이들 인권 침해 우려」, 한국일보, 2019.06.13.
[**] 남혜정, 「어린이집에서 맞았다는데… "CCTV 고장" 둘러대면 끝?」, 세계일보, 2019.07.03.

마든지 봐라!"라고 말할 수 있을까? 수시로 의심받고 감시당해야 한다는 것은 그 누가 된다고 해도 숨 막히는 일이다. 특히 자신의 정체성을 미래의 희망인 아이들을 가르치는 교육자로 설정하고 있는 보육교사로서는 더더욱 자부심에 금이가는 기분을 느낄 것이다.

학부모 입장에서도 이런 교사의 마음을 이해하지 못할 리없지만 실체 없는 불안감은 어쩔 수 없다. 불안감을 해소하기위해서는 그 실체를 확인해야만 할 것 같다. 보육교사와 학부모가 서로를 너무나도 잘 이해하지만 어쩔 수 없이 서로의 마음을 멍들게 하는 나날이 이어지고 있다. CCTV를 설치하느냐 하지 않느냐, CCTV를 실시간으로 볼 수 있게 하느냐 그러지 않느냐는 부차적인 문제다. 교사와 학부모 간의 신뢰를 회복하는 것이 필요하다. 근본적인 해결책이 마련되지 않는 한끊임없이 불신하고 반감을 가지는 악순환은 계속될 것이다. 학대가 없어도 서로 의심하고 의심받으며 상처받고 좀먹어들어갈 것이다.

어린이집 CCTV와 관련하여 공적 주체의 개입이 필요한 영역은 많아 보인다. 어린이집 CCTV 영상이 쉽게 유실되지 않도록 관리 실태를 주시해야 한다는 주장과 함께, 김용희 한국어린이집총연합회장은 민감한 사안인 만큼 학부모가 직접

CCTV를 열람하게 하기보다는 각 지역의 육아종합지원센터 등이 중재위원회의 역할을 맡아 대신 열람하고 책임 소재를 가리도록 해야 한다고 제안하기도 했다. 그러나 인력과 예산이 부족하여 이 또한 여의치 않은 실정이다.*

오늘날 국가는 출산율 저하 추세에 대응하여 '국가 책임보육'을 말한다. 부모들이 아이들을 맡기는 어린이집을 신뢰하고 마음 편하게 일할 수 있게 하는 것도 책임보육의 영역에 포함되는 것이 아닐까? 더 이상 보육교사와 학부모의 마음에 생채기 맺히는 일이 없게 하기 위해서라도 좀 더 체계적인 예산 편성과 정책 집행이 요구되는 시점이다.

---

* 임재희, 「어린이집 CCTV 열람 2년 새 12배↑… 학대 판정 1%도 안 돼」, 뉴시스, 2018.08.05.

어린이집은 진정 아동학대의 온상이었나

CCTV 의무화 이후, 정말 아동학대는 줄어들었을까

어린이집 CCTV 설치가 의무화된 후 사람들은 보육교사들의 아동학대 장면을 눈으로 확인할 수 있게 되었다. 왠지 안심된다. 잘 감시하고 있는 것 같고 아동학대 범죄가 줄어드는 것만 같다. 실제로 어린이집을 이용하고 있는 1,753가구를 대상으로 한 육아정책연구소의 조사 결과에 따르면 10명 중 9명가량인 90.9%가 어린이집 내 CCTV는 아동학대 예방에 도움이 된다고 답한 것으로 알려졌다.** 그러나 정말 그럴까?

어린이집 CCTV 설치 이후에도 아동학대 사건 신고 건수는 오히려 증가하고 있다. 실제로 CCTV가 설치되던 2015년 당시 11,715건이었던 아동학대 사건 신고 건수는 그로부터 약 3년 만인 2018년 24,604건으로 두 배 이상 급증했다.*** 어린이집에서 일어나는 아동학대 적발 건수는 2013년 202건에서, CCTV 설치가 의무화된 2015년 427건, 2016년 587건, 2017년 776건 등으로 매년 늘고 있다.**** CCTV 설치가 의무화되었지

** 보건복지부, 「전국보육실태조사」, 2018.

*** 김진강, 「남인순 "아동학대 조사·조치 공무원이 직접 해야"」, 스카이데일리, 2019.09.19.

**** 임재희, 위의 글.

만 그래도 사고가 끊이지 않으니, 설치만으로는 부족하다 싶어 이제는 실시간 열람까지 요구하고 있는 실정이다.

물론 CCTV가 설치되었기 때문에 갑자기 아동학대 범죄가 급증한 것이라고 말할 수는 없다. 단지 CCTV로 인해 적발되는 건수가 많아졌을 뿐이다. 그러나 CCTV가 설치되었음에도 아동학대가 줄어들고 있지 않다는 것만은 분명히 말할 수 있는 사실이다. 의도했든 의도하지 않았든 CCTV가 예방이 아닌 처벌을 위해 사용되고 있음을 알 수 있는 대목이다. 우리가 CCTV를 통해 진정 기대하는 것은 무엇인가? 아동학대 가해자를 최대한 많이 잡아내서 처벌하는 것인가, 아니면 아동학대를 근절하는 것인가? 많이 잡는 데 목적이 있는 것인지, 일어나지 않게 하는 데 목적이 있는 것인지 돌아볼 필요가 있겠다.

3%를 전체로 간주하는 사회,
0.25%로 모두를 싸잡아 비난하는 사회

포털 사이트에 '아동학대'라고 검색하면 연관 검색어로 '어린이집 아동학대'가 뜬다. 이제 사람들은 아동학대 하면 어린이집, 어린이집 하면 아동학대를 떠올리는구나 싶어 씁쓸했다.

그렇다면 정말 오늘날 어린이집은 아동학대의 온상이 되었는가? 2019년 기준 보건복지부의 '최근 5년간 아동학대 및 아동재학대 현황' 자료에 따르면 최근 5년간 발생한 아동학대 중 부모에 의한 학대가 무려 78.6%(68,684건)였다고 한다. 또 학대 발생 장소를 기준으로 보면, 79.8%(69,741건)가 가정 내에서 발생한 학대였다. 그렇다면 어린이집에서 발생한 학대는 어느 정도일까? 3.4%(2,987건)에 불과했다.* 대부분의 아동학대는 어린이집이 아니라 가정에서 일어나고 있었다.

2017년 보육통계에 따르면, 전국의 보육교사를 모두 합치면 약 235,704명이다. 그리고 2017년 어린이집에서 발생한 아동학대는 총 601건이다.** 한 건당 가해 교사가 한 명이라고 생각하고 계산했을 때, 이는 전체 교사의 약 0.25%밖에 되지 않는 수치다. 0.25%의 비율을 통해 우리 사회는 '어린이집은 아

* 박제성, 「5년간 아동학대·아동재학대 2.5배↑」, 메디컬투데이, 2019.09.23.
** 통계청, 「전국아동학대 현황」, 2017.

동학대기관이다. 따라서 CCTV를 의무적으로 설치해야 한다'라는 기적의 논리를 성립시켰다.

물론 최근 어린이집 내에서의 아동학대가 꾸준히 증가하고 있다는 것은 사실이며, 이에 대한 대책이 시급하다는 것도 부정할 수 없다. 하지만 사실 대부분의 아동학대가 가정에서 일어나고 있었음에도, 오늘날 우리 사회는 마치 모든 아동학대가 어린이집에서 일어나는 것처럼 행동해왔다는 점에서 화가 난다. CCTV로 보육교사들의 숨통을 죄어 오면서도, 정작 가정에서의 아동학대에 대한 부분은 딱히 이렇다 할 해결책이 없어 보였다. 보육교사들을 희생양으로 삼은 듯하다는 인상을 받는 것을 어쩔 도리가 없다.

어린이집 CCTV 의무 설치가 시작된 지 약 5년, CCTV는 어린이집에서 일어나는 아동학대 3%가 마치 우리 사회에서 일어나는 아동학대의 전부인 듯한 인상을 주며, 0.25%의 가해교사를 가지고 마치 모든 보육교사가 아동학대 가해자인 것처럼 몰아가고 있다. 그 속에서 가장 큰 비중을 차지하는 가정에서 일어나는 아동학대에 대한 문제의식은 사라진다.

어린이집의 CCTV는 누구나 눈으로 확인할 수 있는 정보를 준다는 점에서 분명히 객관적인 정보원이지만, 역으로 사람들에게는 눈에 보이는 자극적인 장면만 보게 하여 정말 중요한 진실로부터는 멀어지게 만드는 속임수와 같은 역할을 할 수 있다.

대부분의 교사들은 CCTV 영상에 담긴 자신의 모습을 보면 놀란다고 한다. 그저 아이의 손을 잡고 잘 타일렀을 뿐인데, 그게 저렇게 무섭게 나오냐며. 이렇듯 영상은 실제를 제대로 반영하지 못하고, 특히 어린이집 CCTV 영상 같은 경우는 작은 훈육 행위도 폭력적이고 자극적인 것처럼 보이게 한다. 그리고 우리 사회는 이 자극적인 모습만 가지고, 아동의 권익을 위해서 마땅히 우선이 되어야 할 80%의 가정 내 아동학대를 예방하기 위한 노력보다는 3%의 어린이집 내 아동학대를 줄이는 데 혈안이 되어 있다. 당사자인 교사들의 말은 들어보지도 않고 그저 CCTV 실시간 열람이라는 새로운 요구로 보육교사들의 목을 조르면서. 어린이집 내 CCTV 설치가 정말 아동학대 예방에 효과가 있었는지, 더 나은 방안은 없는지 마땅한 사회적 합의나 논의도 이루어지지 않고 있다.

누구를 위하여 CCTV는 작동하나

선량한 보육교사를 울리는 CCTV

"어린이집 내 CCTV가 자칫 일부 나쁜 학부모에 의해, 자기 마음에 들지 않는 보육교사를 찍어내는 수단으로 악용될 수 있어요."

'에이 설마, 그렇게까지 한다고?' 코웃음을 칠지도 모르겠다. 그러나 실제로 전국공공운수노조에 따르면 수사기관에서 CCTV 영상을 검토한 결과, 아동학대 혐의가 없다고 결정났는데도 보육교사가 일을 그만두어야 했던 사례가 있다고 한다.* 실은 나에게도 유사한 경험이 있다.

김영란법이 생기기 훨씬 이전부터 교사들은 학부모로부터 받는 선물을 굉장히 부담스러워했다. 특히 5월 스승의 날이면 부담감은 더욱 커졌다. 새로운 아이, 학부모와의 만남이 시작된 지 이제 고작 3개월. 아직 어색함도 채 가시기 전에 받는 스승의 날 편지와 선물은 교사들을 굉장히 어쩔 줄 모르게 한다.

---

*   김민호, 앞의 글.

CCTV로 촬영한 영상을 실시간으로 가정 TV에 송출하는 원에 근무했을 때의 이야기다. 어느 해 스승의 날, 한 학부모님께서 아이의 가방에 로션을 선물로 넣어 보내셨다. 하지만 당시 일하고 있던 원의 방침이 부모에게 개인적으로 선물을 받아서는 안 된다는 것이었고, 나 또한 불편했기 때문에 정중한 편지와 함께 아이의 가방에 돌려보냈다. 다음 날 학부모님이 직접 선물을 가지고 와 "이거 정말 얼마 안 하는 거예요" 하며 재차 선물을 권하셨지만, 나는 한사코 거절했다. 그리고 학부모님이 느끼셨을 민망함을 생각해 아이에게 더욱 신경 썼고, 학기를 마무리할 때 즈음에는 선물을 돌려받은 학부모님과도 서로 웃으며 덕담을 나눌 수 있을 만큼 좋은 관계로 매듭지을 수 있었다. 그렇게 잘 끝난 줄만 알았는데, 그로부터 몇 년이 지난 후 충격적인 이야기를 듣게 되었다.

그 당시에 우리 반이었던 다른 아이의 학부모님께서 몇 년이 지난 뒤 아이가 보고 싶어 한다며 만남을 요청하셨고, 우리는 아이와 함께 만나 많은 이야기를 나눴다. 그러던 중 내가 당시 학부모의 선물을 거절한 후에 뒤에서 일어났던 일들에 대해 들을 수 있었다. 나에게 선물을 돌려받은 학부모님께서는 그 후 TV에 나오는 어린이집 CCTV 영상을 유심히 지켜보았다가, 내가 다른 아이들을 훈육하는 장면이 나오면 그것을 촬영해 그 아이들의 부모님께 전달했다고 한다. CCTV 영상을 주시하고 있다가 굳이 자신의 아이도 아닌, 다른 아이들을 훈육하는 영상을 촬영해 그 아이들의 학부모에게 보여주는 행위에 어떤 의도가 있는지는 누구라도 쉽게 예측할 수 있다.

다행히 나는 훈육을 실행하기 전, 학부모님과의 충분한 상의를 통해 지도하고자 하는 아이의 행동을 납득시키고, 사용하고자 하는 훈육 방법들에 대해 동의를 받았다. 학부모님께서는 때문에 CCTV 영상으로 드러나는 모습들이 다소 과격해 보여도(앞에서도 말했지만 아이의 손만 잡고 있어도 CCTV 상으로는 굉장히 과격해 보인다) 별로 충격받지 않았다고 하셨다. 그리고 이렇게 덧붙이셨다. "그분은 제가 '이미 선생님이랑 충분히 대화하면서 사전에 다 상의한 내용이기 때문에 그 장면을 영상으로 확인할 필요는 없어요. 그러니까 자꾸 저한테 이런 영상 보내지 마세요'라고 말한 뒤에야 CCTV 영상 보내는 일을 그만두시더라구요."

나를 믿어준 학부모님께 감사하면서도, 한편으로는 아찔한 상황이 될 수도 있었겠다는 생각에 지금도 생각하면 식은땀이 흐를 만큼 충격적인 이야기였다. 선물을 돌려받은 학부모가 속상한 마음에 했던 행동임은 충분히 이해할 수 있지만,

만약 내가 아이를 훈육하고 있는 모습을 담은 CCTV 영상이 아동학대 의심 영상으로 둔갑하여 학부모가 아닌 경찰서에 먼저 전송되었다면, 나는 끝내 아동학대 무혐의 판정을 받는다 해도 아동학대 의심 교사라는 씻을 수 없는 오명을 안은 채 교사 생활을 접어야만 했을 것이다.

원장님만 새로운 무기를 하나 더 얻었다

"선생님, 내가 다 보고 있다는 거 알죠? 내가 어디 잘하나 못하나 지켜볼 거야."

어린이집 CCTV가 아동학대 예방을 위해서만 사용되는 것은 아니다. 때로는 앞에서 살펴본 것같이 부모가 교사를, 어린이집의 원장이 교사를 압박하는 수단으로 사용될 수도 있다. 어린이집에 CCTV가 설치된 후 애초 설치된 목적과는 다르게 이를 수시로 확인하며 '에어컨을 *끄라*'는 사소한 사항부터 시작하여 교사들의 작은 행동 하나하나까지 지적하는 수단으로 사용하는 일부 원장들의 횡포에 고통받는 교사가 늘어나고 있다.

2018년 6월 화성의 한 어린이집에서는 보육교사가 원장에 의해 아동학대 가해자로 지목되어 사직하는 일이 있었다. 한 아이를 거의 오후 2시가 다 될 때까지 점심을 먹게 하며 괴로움을 주었다는 것이다. 원장은 원내를 시찰하던 중 이를 발견했다고 했지만, 동료 교사들은 원장이 교사들을 감시하기 위한 용도로 CCTV 영상을 자주 돌려 보며, 이번 건도 그러던 중 발견되었을 것이라고 생각하고 있었다. 또한 이들은 아이가 밥을 오래도록 먹기는 했으나 학대라고는 생각되지 않는다는 견해를 밝혔으며, CCTV 영상을 분석한 아동보호기관도 CCTV 영상을 분석한 결과 아이가 울거나 힘들어하는 모습이 보이지 않아 학대가 아니라고 판정했다. 그럼에도 해당 교사는 논란과 의혹을 견디지 못하고 결국 사직했다.

이 사건은 표면적으로는 아동학대 의심 사례를 처분하던 중 일어난 일로 보였으나 동료 교사들의 생각은 달랐다. 바로 사직한 교사가 시간 외 수당을 적게 지급하기 위해 근무한 시간을 줄여서 적으라고 지시한 원장의 요구에 응하지 않았기 때문에 보복을 당했다는 것. "나도 원장님한테 밉보이면 언젠가 저렇게 쫓겨날 수도 있는 건가, 라는 생각을 했어요." 그 속내가 뻔히 보이지만 원장 당사자만 말해줄 수 있는 진실 앞에서 교사들은 한껏 움츠러들 뿐이었다.*

문제는 이 어린이집 외의 다른 어린이집들에서도 이러한 무

---

* 장구슬, 「"근무시간 적게 적어라" 원장 요구 거부하자… '아동학대' 교사로 몰려 사직」, 이데일리, 2018.11.02.

언의 압박이 일상적으로 이루어지고 있다는 것이다. 보육교
사들은 그동안 자신들의 일터와 삶의 영역에 CCTV가 들어
오고 때로는 지나칠 정도로 의심을 받아도 참고 견뎌왔다. 아
동학대 예방의 필요성에 대해 어느 누구보다 동감했기 때문
이다. 그러나 CCTV를 이용하여 이런 식의 부당대우까지 당
한다면, 도대체 교사들은 언제까지 인내해야 하는 것일까?

현행 〈영유아보육법〉은 영유아 안전과 어린이집 보안 목적
외의 용도로 어린이집 내 CCTV 영상을 수집·이용하는 것을
금하고 있다. 그러나 이렇게 CCTV 영상 오남용에 대한 의혹
이 충분하고, 실제로 두려움에 떠는 교사들이 존재하고 있는
데도 교사들을 보호하기 위한 마땅한 법적 장치는 마련되어
있지 않다.

학부모에게는 의심을, 교사들에게는 상처만 더하는 CCTV

2018년 8월 국회에서 제시된 보건복지부의 '어린이집 CCTV
열람 건수 및 아동학대 확정 현황' 자료에 따르면 2017년 6월
까지 어린이집 CCTV 열람 건수는 총 5,519건이었다. 이는 어
린이집 CCTV 설치가 의무화되기 이전인 2015년의 965건에
비하면 무려 11.7배 증가한 수치다. 반면 CCTV 열람 후 아동
학대로 확정되는 비율은 2015년 2%(19건), 2017년 0.7%(41건)

로 도리어 낮아졌다. 그리고 이러한 추세가 지속되고 있다.[*]

앞서 CCTV가 설치되었음에도 아동학대 범죄가 더욱 증가했다고 말한 바 있다. 이 대목에서 의미하는 바는 전체 아동학대 적발 건수는 증가했으나, CCTV를 확인하는 건수에 비해서 실제로 아동학대로 판정되는 경우는 적다는 것이다. 그렇다면 이건 무슨 뜻일까? 속된 말로 '헛스윙'이 많아졌다는 것은 아닐까? 교사들을 향한 학부모의 막연한 의심이 커져가고 있다는 뜻은 아닐까?

사회적으로 큰 물의를 빚은 아동학대 사건들이 여럿 발생하면서 그동안 당연스럽게 '우리 아이는 잘 지내고 있겠거니' 생각해오던 마음에는 불안이 싹튼다. 아이의 행동에 조금이라도 이상한 기미가 비치면 걷잡을 수 없이 걱정된다. 아무래도 내 눈으로 직접 확인해봐야 마음이 놓일 것 같아, 바쁜 시간 쪼개가며 어린이집을 찾아 CCTV 영상 열람을 요청한다.

교사들은 충분히 이해할 수 있는 일이라고 받아들이려 하지만, 아무리 그래도 의심받는다는 기분은 썩 유쾌하지 않다. 마음에 피멍이 드는 나날이 더해지며, 처음엔 애써 웃는 표정으로 CCTV 열람을 요청하는 학부모들을 맞으려 했던 얼굴

---

[*] 임재희, 앞의 글.

이 갈수록 차갑게 굳어간다. 또 애초에 '아동학대 예방용'이라는 목적과는 달리 단순히 우리 아이가 잘 있는지, 친구들과 잘 어울리는지, 밥은 잘 먹는지 관찰하기 위해서 CCTV 확인을 요청하는 사례가 많아지며, 안 그래도 많은 보육교사의 업무에 부담이 과중되고 있다는 것도 문제로 지적된다.

어쩌면 오늘날 어린이집 내 CCTV가 아동학대를 예방하는 기능보다는 학부모들의 의심과 교사들의 상처를 키우고 이들 간의 감정의 골을 깊어지게 하는 장치로 작용하고 있는 것은 아닐까?

CCTV가 아이들에게서 선생님을 빼앗아간다

2018년 한 TV 프로그램에서 '어린이집 CCTV 실시간 열람'을 주제로 찬반 토론이 이뤄졌다. 그중 CCTV 실시간 열람을 반대하며 자신은 여섯 아이를 키우고 있다고 밝힌 한 패널은 다음과 같은 이야기를 했다.

물론 어린이집 CCTV를 실시간으로 열람할 수 있게 된다면 열심히 보게 되겠죠. 그러나 그것이 아동학대의 근본적인 해결책이 되지는 않을 것 같아요. 육아는 단순 교육이 아니라 사랑의 행위라고 생각하는데, 감시를 받으면 제대로 이루어질 수 없을 것 같거든요. CCTV가 선생님의 사랑을 방해하는 요소가 될 수 있을 것 같다는 거죠. TV 육아 프로그램에 출연하고 있는데, 우리 집에 카메라가 설치되면 아무리 자연스럽게 하려고 노력해도 평소와는 다른 어색한 행동을 하게 돼요. 카메라로 인해 즐거운 육아가 스트레스가 되기도 하구요. 방송인인 나도 카메라가 돌면 이렇게 어색하고 스트레스를 받는데 선생님들은 더할 것이라 생각해요.

누군가 나를 감시하고 있다고 하면, 평소와는 달리 어색한 행동을 하게 된다. 잘하다가도 평가받는다고 하면 갑자기 긴장되는 것과 같은 이유일 것이다. 교사도 마찬가지다. 누군가가 나를 지켜보고 있는 것은 영 불편한 일이다. 이건 교사가 부끄러운 행위를 하기 때문이 아니라 타인의 시선을 불편해하는 것이 인간의 본성이기 때문이다. 인간은 불편함을 느낄 때 자신을 보호하고자 방어적인 자세를 취하게 된다. 그것은 곧 소극적인 태도를 보이게 된다는 뜻이다. 물론 아이들과 지낼 때 좀 더 조심하게 된다면 분명히 긍정적인 부분도 있겠지만, 교사가 소극적이라는 것은 그만큼 아이들과의 상호작용이 줄어든다는 뜻이기도 하다.

권정윤·송나리에 따르면 어린이집에 CCTV가 설치된 후 교사는 행동과 생각의 변화를 이끄는 적극적인 교육을 꺼리며, 훈육을 위해서든 아이들과의 놀이를 위해서든 아이의 몸에 손을 대는 것 자체에 거부감을 느끼는 경향을 보이고 있다.* CCTV가 교사들을 아이들로부터 멀어지게 하고 있는 것이다.

어린이집은 초등학교와는 그 성격이 다르다. 초등학교는 지식 전달을 목표로 교육과정이 설계되고, 각 수업마다 아이들이 꼭 습득해야 할 지식, 학습목표가 존재한다. 하지만 어린이집의 교육과정인 누리과정은 지식보다는 경험을 우선적인 활동 목표로 기술하고 있다. 어린이집은 지식보다는 기본 생활습관을 지도하는 기관이라는 뜻이다. 또 어린이집의 취학 대상인 만 5세 미만의 아동들은 발달단계상 성인과의 관계에서 사회성을 습득하는 시기에 놓여 있다. 아이들에게 어린이집 선생님은 가족을 제외한 첫 타인인 셈이다. 아이들은 교사의 표정과 말, 행동을 보고 감정을 배운다. 하지만 CCTV 의무화로 인해 교사들이 소극적인 태도를 취하게 됨으로써 아이들은 타인의 감정을 접할 기회를 많이 잃어버리게 되었다.

* 권정윤·송나리, 「어린이집 CCTV 의무화로 인한 유아 문제행동 지도의 어려움 및 개선방안」, 『유아교육연구』 제38권 제2호, 2018.04.

교사는 아이의 행동에 따라 웃기도 하고 울기도 하며 적절한 반응을 보여주어야 하지만, 실제로는 CCTV로 인해 경직되어버린 까닭에 선뜻 행동하지 못한다. 교사들의 자유를 제한해버린 어린이집에서, 아동들은 그저 시간을 때울 뿐, 다양한 감정을 배우고 접할 수 있는 기회는 많이 박탈당하고 있는 것이 사실이다. CCTV는 아이들로부터 엄할 땐 엄하지만, 따뜻할 땐 웃으며 안아주는 선생님을 빼앗아 갔다. 이것이 CCTV의 대표적인 역기능이다.

보다 건설적인 해결 방안을 모색하며

너무나 모호한 아동학대 판정 기준

"여러 차례 CCTV 영상을 확인해봐도 이것이 학대인지 아닌지 판별하기가 쉽지 않았습니다."

어린이집 아동학대 사건을 담당했던 변호인의 말이다. CCTV 영상을 아무리 여러 번 돌려 보아도 이 영상에 나온 행위가 아동학대인지 정당한 훈육인지 좀처럼 파악되지 않았다는 것이다.

아동학대 논쟁에서 가장 민감하고 예민한 부분은 아동의 정신적 건강과 발달에 해를 끼치는 '정서적 학대'에 대한 것이다. 그러나 성장기에 있는 아이들에게는 분명히 자신의 행동이 잘못되었음을 깨닫고 이를 교정하기 위한 '건강한 좌절'도 필요하다. 그런데 도대체 이 정서적 학대와 건강한 좌절의 경계는 어디란 말인가?

다음에 제시한 사례들 중 아동학대로 판정된 사례들은 무엇일까? 한번 생각해보자.

보육교사 A는 아이에게 물건을 줄 때 던져서 전달했다.

보육교사 B는 밥을 먹지 않으려 하는 아이의 입에 강제로 숟가락을 집어넣었다.

보육교사 C는 낮잠을 자지 않고 책을 읽으려 하는 아이의 책을 빼앗아 보지 못하게 했다.

보육교사 D는 밥 먹기 싫다는 아이의 식판을 치워버리고 20분간 자기 옆에 가만히 앉아 있게 했다.

보육교사 E는 장난감을 두고 친구와 싸우던 아이에게서 장난감을 빼앗아 바닥에 쏟아버리고 이를 10여 분간 정리하게 했다.

보육교사 F는 장난을 심하게 친다는 이유로 아이의 다리를 꼼짝 못 하게 하고 양팔을 세게 움켜잡은 상태로 오 분간 야단을 쳤다.*

이 경우 보육교사 A, B, C에게는 아동학대가 인정되었고, D, E, F에게는 아동학대가 인정되지 않았다. 어떻게 생각하는가? 납득이 되는 사례도 있을 것이고, 납득되지 않는 사례도 있을 것이다. 이 모든 사례들을 통해서 우리가 알 수 있는 것은 현재 아동학대 판정 기준이 너무나도 모호하기 그지없다는 것이다.

---

* 임주환, 「훈육과 아동학대, 어떻게 구분할까」, 주간경향, 2019.07.22.

훈육 매뉴얼이 필요하다

동물의 생태를 다룬 모 다큐멘터리 프로그램에서 새끼 독수리를 교육하기 위해서 벼랑 끝으로 밀어내는 어미 독수리의 모습을 본 적이 있다. 힘이 강한 자가 약한 자를 다그치는 것처럼 보이는 이 모습은 어떻게 봐도 아름답다고 말하기는 힘든 모습이다. 하지만 이 행위에는 어린 자식이 냉혹한 현실 속에서도 살아남을 수 있게 훈육하고자 하는 어미의 마음이 담겨 있다. CCTV 영상도 이와 비슷하다고 생각한다. CCTV는 아이를 훈육하는 장면을 담아낼 수는 있을지라도 그 훈육하는 행위에 담긴 교사의 마음과 생각까지는 담아내지 못한다. 결국, CCTV가 보여줄 수 있는 모습은 어미 독수리가 새끼 독수리를 벼랑 끝에서 밀어내는 것과 같은, 매정하고 그 이유를 납득할 수 없는 감정 없는 모습이다.

하지만 원하는 것을 얻지 못할 때 무조건 울며 떼쓰는 아이가 있다면, 잘못된 행동을 바로잡기 위해 그 요구를 단호하게 거절해야 하는 것처럼, 마음 아파도 아이들을 위해서 꼭 해주어야 하는 일들이 있다. 그럴 때면 교사든 부모든 애써 아이에게 매정하게 대한다. 아무리 잘못된 요구를 하며 땡깡을 부리는 아이라 해도 사탕을 주며 "옳지, 옳지! 무조건 사랑해!"라고 아이의 편을 들고 싶은 것이 부모의 마음이고, 교사의 마음 역시 크게 다르지 않다. 하지만 그럼에도 불구하고, 아이의 미래를 위해, 눈물을 머금고 교육해야만 한다. 결국 이 아이는 부모와 교사의 품을 벗어나 타인들과 살아갈 것이기 때문이다. CCTV는 이러한 교사의 애처로운 마음까지는 미처 담아내지 못한다. 그래서 만약 가정에서 이루어지는 훈육도 CCTV로 촬영해서 본다면, 아동학대의 한 장면처럼 보일 가능성이 크다고 생각한다. 우리 사회가 아직 이런 현실적인 문제를 받아들일 만큼 성숙하지 않다는 점이 아쉽다.

학부모도 그렇다. 학부모는 교사가 아이들을 훈육하는 장면을 보고 이것이 정당한 훈육인지 아동학대인지 정확히 판단할 수 있을 만큼 객관적이지 않다. 입이 마르고 닳도록 말하는 바이지만, CCTV 영상은 실제 상황보다 과격해 보일 때가 많다. CCTV 영상으로 보는 교사의 행동은 언제나 다소 차갑게 느껴진다. 책 읽어달라는 아이의 요구를 거절하는 모습, 아이가 안아달라고 달려올 때 그 아이를 뒤로하고 넘어져 있는 아이부터 먼저 안아주는 모습은 매정해 보인다. 부모라면 그 모습을 견딜 수 없는 것이 정상이다.

하지만 이는 아이, 그것도 여러 명의 아이를 양육하는 과정에서 어쩔 수 없이 일어나는 일들 중 하나임을 알아야 한다.

학부모 자신도 자기가 아이들에게 하는 모습을 녹화해서 본다면 분명히 매정하다는 느낌을 받을 것이다. 자신도 그런 상황에서는 분명히 교사와 똑같이 행동했을 텐데, 막상 영상으로 보는 교사의 모습에는 공감하기 어렵다. 때문에 때로는 모르는 게 약일 때도 있는 것이다.

이럴 때 무엇이 학대이고 무엇이 학대가 아닌지 판단할 수 있는 기준이 있다면 얼마나 좋을까? 아이가 부적절한 행동을 할 때 어떻게 대처해야 하는지 알려주는 훈육 매뉴얼이 있다면 좋을 것이다. 그러나 현재 아이들과의 상호작용 중 발생하는 상황 속에서 교사들이 어떻게 대처해야 하는지 알려주는 훈육 매뉴얼 같은 것은 존재하지 않는다.

CCTV 앞에서도 당당한 교사로 서기 위하여

어린이집 내 CCTV에 순기능보다는 역기능이 더 많다고 해도, 이미 CCTV를 교실 밖으로 밀어낼 수 없는 상황이 되었다. 그리고 CCTV를 통해 단 한 명의 아이라도 학대에서 구해낼 수 있다면, 그것으로 CCTV의 역할은 충분하다는 것이 교사들의 마음이다. '영유아교사에 관하여' 커뮤니티가 약 오천 명의 교사들을 대상으로 실시한 CCTV 인식 조사에 따르면, 응

답자의 약 70%(약 3,500명)가 '아동학대가 의심된다면 CCTV 열람에 동의한다'고 답했다.[*]

실제로 CCTV 의무화 이후에도 '별로 신경 쓰이지 않는다'고 이야기하는 교사들이 분명히 많이 있다. 나 역시 의무화 이전부터 CCTV 영상을 실시간으로 가정에 방송하는 어린이집에서 첫 근무를 시작해서인지는 모르겠지만, CCTV에 찍혔을 내 모습을 상상하며 안전한 행동을 하려고 하기보다는, 매 순간 아이들에게 도움이 되는 좋은 선생님이 되고자 노력했다.

그러나 그럼에도 아이들을 지도할 때마다 늘 나를 불안하게 만드는 생각이 있다. '내가 하는 행동이 맞는 건가?'라는 의구심이다. 이따금 '내가 아이들을 위해 한다고 하는 행동이 실제로는 아이들에게 좋지 않은 영향을 끼치는 것은 아닐까?'라는 불안감이 들 때가 있다.

교사 생활 중 친구들을 자꾸 깨무는 만 2세 아이를 맡은 적이 있다. 당시 그 아이를 관찰하면서, 단호하게 "안 되는 건 안 되는 거야!"라고 이야기했을 때 아이의 깨무는 행동이 오히려 더 증가한다는 사실을 깨달았다. 그때부터 아이가 깨무는 행동을 했을 때 다그치기보다는 우선 안아주며 달래주고

---

[*] 영유아교사에 관하여, 「어린이집 내 CCTV 관련 인식 조사」, 2019.

난 후 아이가 진정이 되면, 차분한 어조로 친구들을 깨무는 행동을 하면 안 된다고 이야기해주었다. 그때마다 다른 학부모들은 "선생님 그 깨무는 애 좀 혼내세요! 하루 이틀도 아니고 뭐예요!"라며 불만을 터뜨리기도 했고, 몇몇 동료 교사들은 "선생님 알려줄 건 명확하게 알려줘야지, 애 버릇 나빠지게 깨물었는데 왜 안아주고 있어! 그거 방임이야!"라고 단호하게 말하기도 했다. 나 역시 이런 방식으로 2주 이상 지도했음에도 아이의 행동이 개선되지 않자 '내가 정말 방임이라는 아동학대를 하고 있는 것은 아닌가'라는 고민에 빠졌다. 그러나 다행히 3개월 이상 같은 훈육 방법을 유지하자, 결국 아이의 행동은 점점 교정되었다. 그러나 그 3개월이라는 시간 동안 나는 계속 주변 학부모님들과 교사들의 눈치를 봐야 했고, 스스로도 확신이 없어 '내가 정말 방임을 하는 것은 아닌가'라는 생각 속에서 매일 조금씩 자신감을 잃어가야 했다.

아동학대 혐의로 신고를 당하는 교사들과, 공방 끝에 무혐의 처분을 받았지만 여전히 불편한 시선을 받으며 교사 생활을 이어나가는 교사들의 이야기를 주변에서 심심치 않게 들을 수 있다. 왜 학부모들은 교사의 훈육을 학대로 오해하게 되는 것일까? 이것의 가장 큰 원인은 교사와 학부모의 교육관과 훈육관, 아이들을 위한 행동 등에 대한 인식 차이다. 물론, 이러한 인식 차이를 넘어서 교육을 빙자해 물리적인 폭력을 행사하는 0.3%의 교사들이 존재하고 있음도 분명 인정해야 한다. 폭력을 교육으로 착각하는 사람들을 보호하고 싶은 생각은 전혀 없으며, 어린이집 아동학대 처벌 강도를 줄여야 한다고 주장하고 싶은 것도 아니다.

교실에서 아이들을 교육할 때 가장 고민이 되는 부분은 물리적인 한계점을 만났을 때, 아이에게 시간이 필요할 때 등이다. 물리적인 한계점이라 하면, 가령 만 3세 아이들과 함께 있는데, 두 명은 친구들과 싸워서 울고 있고, 두 명은 배변 실수를 해 교실에서 대변 냄새가 나고, 또 다른 한쪽에서는 친구의 놀잇감을 빼앗겠다고 실랑이를 벌이기 시작하는 아이들이 동시에 나타나는 것과 같은 상황이 거의 매일같이 발생한다는 것이다. (그리고 이럴 때 교사들은 대부분 교실에 혼자 있다.)

또 아이들에게 시간이 필요하다 함은, 행동의 변화가 하루 만에 나타나지 않기 때문이다. 아이들은 유아기 전반에 걸쳐 많은 것을 배운다. 넘어지고 무릎이 까지는 경험을 통해서 자기 신체의 한계를 배우고, 친구들과의 갈등 상황을 겪으며 친구들 사이에서 지켜야 하는 사회적 약속을 배운다. 그리고 이때 교사는 아이들에게 자신을 충분히 시험하고 경험하며, 스스로 답을 찾아낼 수 있는 시간을 주려 노력한다. 마냥 옆에서 말로 지식을 알려주는 것뿐만 아니라, 아이가 스스로 실패하는 것을 참견하고 싶고 훈수 두고 싶은 욕구를 견뎌내는 것까지가 교사의 역할이고, 교육이다.

하지만 이런 기다림의 시간은 어떻게 보면 방임처럼 보일 수도 있을 것이다. 누군가는 울고 있는 아이가 스스로 울음을 그치고 상황을 받아들이는 데 걸리는 시간은 5분 정도면 충분하니 그 이상으로 울음이 길어지면 가서 달래주어야 한다고 생각할 수 있고, 누군가는 30분 이상 시간을 주어야 한다고 생각할 수도 있다. 아이에 따라서는 친구와의 다툼을 끝내고 스스로 화해를 청하기까지 길게는 일주일 이상이 걸리는 경우도 있을 것이다. 이렇게 아이들마다 필요한 시간도 다 다른데, 진짜 문제는 교사마다 그 시간에 대한 생각이 다 다르고, 학부모가 허용하는 시간도 다 제각각이라는데 있다. 아이의 눈물을 5분밖에 참을 수 없는 부모가 아이의 울음을 30분 동안 지켜보는 교사를 만난다면 방임이라 생각할 수밖에 없을 것이다. 이에 학부모가 "애 우는데 선생님은 뭐 하세요?"라고 이의를 제기한다 해도, 교사는 "기다려주는 거예요"라는 말 외에는 달리 할 말이 없을 것이다. 이렇게 어린이집에서 이뤄지는 교육은 가정마다 천차만별인 양육 방식에 모두 맞출 수는 없다는 한계점을 가지고 있다.

훈육에 있어, 학부모도 교사도 아이들을 위한다는 점에서 그 목적은 같지만, 방법적인 부분에서 많은 차이를 보인다. 따라서 학부모와 교사의 시각 차이를 좁혀줄 수 있는 훈육 매뉴얼이 필요하다. 물론 교사들은 의무적으로 아동학대 예방 교육을 듣고 있지만, 교육 내용은 온통 누가 들어도 "저건 당연한 거 아냐?"라는 생각이 드는 이야기들로 가득 차 있다. 정작 교사들이 고민하게 되는 상황에 대한 해결 방법은 제시되지 않는다. '아이의 정서와 발달을 고려하여 아이가 친구와 다툴 때에는 최대 ○○분간 교사는 개입하지 않고 아이에게 기회를 주는 것이 바람직하다' '아이가 친구들과 갈등 상황이 생겨 교사의 개입을 따르지 않을 경우, 안전한 장소에서 ○○분 이상 생각할 시간을 줄 수 있다'와 같은 내용을 담은 훈육 매뉴얼이 생긴다면, 교사는 마냥 전적으로 신뢰할 수 없는 자신의 주관에 기대어 교육을 실행하기보다는 자신이 해야 하는 일과 해선 안 되는 일을 좀 더 명확히 구분하여 CCTV 앞에서도 떳떳하고 당당하게 실행하고, 학부모와의 관계에서도 교육관에 대한 간극을 줄여, 아이들과의 시간을 좀 더 유익하게 보낼 수 있을 것이다.

아동학대 예방을 넘어
더 좋은 교사를 아이들에게 선물해주는 법

오늘날 우리 사회는 어린이집 내 아동학대를 예방하기 위한 수단으로 CCTV를 설치했다. 그렇다면 가정 내 아동학대에 대해서는 어떻게 접근하고 있을까? 어린이집처럼 각 가정마다 CCTV를 설치하고 실시간으로 열람할 수 있게 하려고 할까? 그렇다면 그 CCTV 영상을 실시간으로 열람하는 주체는 또 누구란 말인가? 가정 내 아동학대를 줄이기 위해 우리 사회는 대신 부모교육을 확대하는 추세다. 사회가 아이들에게 좋은 부모를 만들어주기 위해서 CCTV 대신 부모교육을 도입·확대하고 있듯이, 아이들에게 좋은 교사들을 만들어주기 위한 방법 또한 교육이 될 것이다.

교사들은 호봉제를 적용받기 때문에(그렇지 않은 경우도 많지만), 반드시 능력과 급여가 비례하는 것은 아니라는 특징을 가지고 있다. 그럼에도 많은 교사들이 주말마다 사설 학원에 다니며 자기 돈을 내고 교육을 듣고, 아이들의 문제 행동에 대한 스터디 모임에 참여한다. 이는 혼자서 모든 것을 견뎌내야 하는 교실에서 내 힘만으로는 답을 찾지 못해, 교육을 통해 좀 더 배워서 아이들에게 유익함을 주고자 하는 교사가 많다는 것을 의미한다. 이들이 공통적으로 아쉬워하는 점은 교사에게 실질적인 도움이 되는 교육이 많이 부족하다는 것이다.

아동학대 가해자 922명을 대상으로 아동학대 가해 원인을 살펴본 결과, '부적절한 보육태도'가 43.5%(350명)로 가장 높았으며, '양육 지식 및 기술 부족'이 27.6%(222명)로 뒤를 이었다.* 이는 교육만 제대로 실시해도 아동학대를 상당 부분 막을 수 있음을 의미한다. 따라서 영유아교사들을 위한 양질의 교육이 더욱 확보되어야 한다. 아동학대를 예방하기 위한 가장 근본적이고 효과적인 방법은 CCTV를 설치하는 것이 아니라, 좋은 교사들을 많이 양성하는 것이다. 이는 꼭 교육을 통해서만 가능하다.

교사를 믿어주세요

앞서 제시한 논의들을 통해서 오늘날 CCTV는 아동학대 예방을 위한 기능도 제대로 수행하고 있지 못하며, 0.3%의 가해교사를 처벌하기 위해서 나머지 99.7%의 교사들을 소극적으로 만드는 결과를 낳고 있다고 말했다. 물론 전체의 0.3%가 아니라 단 한 명이라 해도 아동학대 가해자가 있다면 이를 엄

---

* 류인하, 「어린이집 아동학대, 교사의 인성 문제다」, 경향신문, 2019.05.05.

벌해야 한다는 데는 이의의 여지가 없다. 다만 모든 일에는 기회비용이라는 것이 존재한다. 어쩌면 우리는 CCTV로 아동학대 가해 교사를 색출해내는 데 혈안이 되어 있는 동안, 더 큰 것을 놓치고 있는 것은 아닐까?

다음은 베이비뉴스에 기고된 어느 보육교사의 편지 내용 중 일부를 각색한 것이다.**

저는 거의 10년 가까이 보육교사로 일하며 아이들과 함께하는 매 순간이 소중하고 행복했습니다. 아이들이 커가는 모습을 보며 뿌듯함도 느꼈고 제 직업에 자부심을 갖게 되었습니다. 그러나 최근의 빈발하는 아동학대 사건들로 어린이집 내에 CCTV가 설치되었습니다. 처음에는 불쾌감과 거부감을 느꼈지만, 교사가 조금 불편함을 감수하여 우리 아이들을 지킬 수 있다면 마땅히 이루어져야 하는 일이라고 생각하며 받아들이게 되었습니다.

그러던 중 동료 선생님 중 한 분이 CCTV로 인해 아동학대 교사로 의심을 받고 퇴사하는 사건이 발생했습니다. 선생님을 의심한 사람은 바로 그동안 서로 웃으며 얼굴

** 기고문, 「스승의 날 유감… 보육교사가 잠재적 범죄자인가요?」, 베이비뉴스, 2018.05.15.

을 마주하고 아이들의 문제를 놓고 소통해왔던 학부모님이었습니다. 원장님, 선생님들과 함께 CCTV를 돌려 보며 무척 속이 상했습니다. 믿고 의지하던 학부모님이 갑자기 저희 교사들을 세상 나쁜 사람으로 만들어버린 듯한 기분이었습니다. CCTV 판독 결과 그 선생님은 아동학대를 하지 않은 것으로 밝혀졌지만, 선생님은 결국 교사를 그만두게 되었습니다.

저희는 직접 배 아파 낳은 것은 아니지만, 아이들을 그 누구보다 사랑하고 아끼는 교사들입니다. 저희가 아이들의 눈높이에 맞추어 더 큰 사랑을 주고, 더 나은 교육을 하기 위해서는 학부모님들의 신뢰와 지지, 응원과 격려가 필요합니다.

어쩌면 아동학대를 막기 위해 필요한 것은 CCTV가 아니라 학부모와 교사가 상호 신뢰하고 의지할 수 있는 보육·교육 환경일 것이다. 실제로 학부모 동의하에 CCTV 없이 운영되고 있는 어린이집들이 있다. 한 가지만 사례를 들어보겠다. 바로 부모와 교사들이 힘을 합쳐 운영하는 공동육아 터전 '인천좋은공동육아사회적협동조합'의 '희망세상 어린이집'이다. 이곳에서는 아이들의 급식, 시설 보수, 교육과정 등 어린이집의 운영과 관련된 모든 안건을 학부모들이 참여하는 회의를 통해 결정한다. 학부모들이 어린이집의 운영 상황을 파악하고 있고, 훈육에 대해서도 교사들과 합의하기 때문에, 교사를 전적으로 신뢰할 수 있다. 그런 까닭에 이미 다른 어린이집들에서는 당연한 것이 되어버린 CCTV도 운영하지 않는 것이다.

물론 이곳은 〈영유아보육법〉에 따라 보호자 15인 이상이 공동의 보육 목표를 가지고 조합을 결성해 설치·운영하는 부모협동어린이집으로, 첫 출발부터 부모들과 교사들 간의 유대가 끈끈한 상태에서 시작한다는 점에서 영리를 목적으로 하는 일반 어린이집과는 결정적인 차이가 있다. 그러나 어린이집이 운영 내역을 투명하게 공개하여 부모들의 의심 소지를 차단하고 부모들이 어린이집 운영에 실질적으로 참여하며, 자녀 교육·훈육에 대하여 교사들과 치열하게 논의한다는 점만큼은 우리도 배울 수 있지 않을까.[*]

---

[*]   김유리, 「온 마을 육아 터전 가꾸며 엄마 아빠도 함께 성장」, 기호일보, 2019.07.19.

정말 아이들을 위한 것을
해줄 수 있는 사회가 되기를

몸에 좋은 약이 입에 쓰다는 것은 안타까운 사실이다. 하지만 그보다 더욱 안타까운 것은 달콤한 것은 대개 몸에 해롭다는 것이다. 가령 초콜릿을 과도하게 섭취하면 틱 장애, 주의력결핍과잉행동장애(ADHD)를 갖게 될 수 있다는 연구 결과가 나온 바 있다.

그래서 교사라면 아이가 단 것을 지나치게 많이 먹지 못하도록 제지해야 한다. 물론 이 행위에서 무작정 엄한 것과 단호한 것은 구별되어야 한다. 교사들은 아이들을 교육할 때 여기에 굉장히 많은 힘을 쏟는다. 교사의 단호함이란, 밥은 먹지 않고 초콜릿만 먹고 싶어 하는 아이에게 무작정 초콜릿을 빼앗고 화를 내는 것이 아니라 이렇게 이야기해주는 것이다. "밥 대신 초콜릿만 먹고 싶구나. 그래, 너의 마음은 잘 알고 있어. 선생님도 그럴 때가 있거든. 그렇지만 그건 안 되는 거야. 건강에 해롭거든. 너의 마음은 충분히 알고 선생님도 그렇게 해주고 싶지만 밥을 먹지 않고 초콜릿만 먹는 것은 네 건강에 좋지 않아. 선생님도 속상하네." 이렇게 단호한 훈육을 지속적으로 받게 되면, 아이는 어느 날 장난감 가게에서 계산도 하지 않은 장난감을 가지겠다며 떼를 부리다가도 엄마가 "장난감을 갖고 싶구나. 그런데 그거 집에 들고 가면 되겠어요, 안 되겠어요?"라고 말하면 "안 돼요"라고 외치며 장난감을 내려놓을 수 있는 아이로 성장하게 된다. 이런 과정들이 거듭되며 아이는 자신의 욕구와 행동을 조절할 수 있는 건강한 사회구성원으로 자라간다.

사회는 교사가 아이들과 보내는 시간을 궁금해한다. 행여 확인할 수 없는 곳에서 아동학대가 일어나지는 않을지 염려한 나머지 어린이집에 CCTV도 설치했다. 하지만 여러 번 말했듯이, CCTV는 아동학대의 해결책이 될 수 없다고 생각한다. 오히려 선량한 보육교사들의 열정과 자부심만 떨어뜨리게 될 가능성이 더 높다. 또 아동학대, 특히 정서적 측면에서의 아동학대는 굉장히 복잡한 요소들이 들어 있어 판단하기 쉽지 않은 측면이 있으며, 우리 사회는 칼로 무 자르듯 '이것은 학대, 저것은 학대 아님'으로 판단할 수 있을 만큼 성숙하지 않다. 그리고 그로 인해 피해를 입고 상처받는 교사들이 많아지고 있다. 그렇기 때문에 훈육 매뉴얼과 교사교육이 필요하다고 강조한 것이다.

교사는 전체 직업 인구 중 소수이며, 정책적인 수혜를 받기 어려운 직업군이지만, 아이들에게 큰 영향을 미친다는 점에서 중요한 역할임은 부정할 수 없다. 우리 사회가 정말 아이들을 위해서 해야 하는 일은 좋은 교사들을 많이 선물해주는 것이라는 것을 기억하고, 교사들을 신뢰하고 다양한 교육 프로그램들로 지원해주는 사회가 될 수 있기를 바란다.

참고문헌

권정윤·송나리, 「어린이집 CCTV 의무화로 인한 유아 문제행동 지도의 어려움 및 개선방안」, 『유아교육연구』 제38권 제2호, 2018.04.

교육과학기술부·보건복지부, 「3−5세 연령별 누리과정 해설서」, 2013

기고문, 「스승의 날 유감… 보육교사가 잠재적 범죄자인가요?」, 베이비뉴스, 2018.05.15.

김민호, 「"어린이집 CCTV 요청 즉시 열람" "보육교사·아이들 인권침해 우려"」, 한국일보, 2019.06.13.

김유리, 「온 마을 육아 터전 가꾸며 엄마 아빠도 함께 성장」, 기호일보, 2019.07.19.

김진강, 「남인순 "아동학대 조사·조치 공무원이 직접 해야"」, 스카이데일리, 2019.09.19.

남혜정, 「어린이집에서 맞았다는데… "CCTV 고장" 둘러대면 끝?」, 세계일보, 2019.07.03.

류인하, 「어린이집 아동학대, 교사의 인성 문제다」, 경향신문, 2019.05.05.

박지성, 「5년간 아동학대·아동재학대 2.5배↑」, 메디컬투데이, 2019.09.23.

보건복지부, 「전국보육실태조사」, 2018.

영유아교사에 관하여, 「어린이집 내 CCTV 관련 인식 조사」, 2019.

임재희, 「어린이집 CCTV 열람 2년 새 12배↑… 학대판정 1%도 안 돼」, 뉴시스, 2018.08.05.

임주환, 「훈육과 아동학대, 어떻게 구분할까」, 주간경향, 2019.07.22.

장구슬, 「"근무시간 적게 적어라" 원장 요구 거부하자… '아동학대' 교사로 몰려 사직」, 이데일리, 2018.11.02.

통계청, 「전국 아동학대 현황」, 2017.

영유아교사를 바라보는 가혹한 시선을 말하다
_손여울

"너 빨래 잘하겠다?"

첫 직장을 갖게 된 후, 뿌듯한 마음을 안고 찾아뵌 고등학교 은사님께 들은 말이다. 취업하기 힘든 이 시기에 잘되었다고 진심으로 축하하시며 동시에 농담처럼 던진 한마디. 분명 농담이었을 것이다. 비전공자라서, 그 속을 자세히 알지 못해서 그냥 툭 던진 한마디였으리라는 것을 나는 알고 있다. 하지만 그 말 한마디는 몇 년이 흐른 지금까지도 아직 내 마음속 깊은 곳 어딘가에 상처로 자리 잡고 있다. 왜냐하면 그때나 지금이나 나는 애들 빨래해주려고, 똥 기저귀 갈아주려고, 뒤치다꺼리하려고 이 직업을 선택한 것이 아니기 때문이다.

그러나 타 전공자, 특히 아이를 키워본 사람들은 영유아교사라는 직업을 매우 쉽게 본다. "유치원 선생님은 그냥 애들 잘 놀아주다가 엄마 아빠 오는 시간에 보내기만 하면 되는 거 아냐?"라고 쉽게 말하는 사람부터, "애도 안 키워봤는데 잘할 수 있겠나?" "선생이 나이도 어린데 애를 잘도 보겠다"라며 20대 교사를 무시하는 사람까지 유아교육을 다소 가벼이 여기는 사람들이 많다. 그런 사람들에게는 정말 아이들과 신나게 놀고, 아프지 않고 다치지만 않게 돌보는 것이 영유아교사 업무의 전부인 것처럼 보일 수도 있다.

최근 여러 해에 걸쳐 〈붕어빵〉 〈아빠! 어디 가?〉 〈슈퍼맨이 돌아왔다〉와 같이 아이들의 일상생활을 다루는 예능 프로그램이 인기를 끌었다. 어른들과는 다른 시선을 가진 순수하고 귀여운 아이들의 엉뚱하고도 생기발랄한 행동들은 단박에 대중의 마음을 사로잡았다. 그런데 안타깝게도 그로 인해 앞서 이야기했던 것과 같은 영유아교사들에 대한 편견이 더욱 고착화되었다.

물론 하루 중 많은 시간을 사랑하는 아이들과 즐겁게 보낼 수 있으니 영유아교사는 당연히 행복한 직업이다. 그러나 현실에서의 육아가 카메라로 담아 예쁘게 편집해서 내보내는 영상과 같을 수 없듯이, 영유아교사들의 업무도 아이들과 놀아주는 일이 다는 아니다. 그럼에도 행복하고 재미있는 장면 위주로 잘 편집된 영상만 보고 영유아교사에 대해 오해하고 그릇된 환상을 품는 사람들이 있다는 것이 문제다.

하지만 우리는 단순히 아이들을 돌봐주는 보모도, 놀이 상대도 아니다. 영유아교사의 주 업무는 장차 미래를 이끌어 갈 이 아이들이 좀 더 올바르게 성장할 수 있는 방법에는 어떤 것이 있는지 끊임없이 고민하고 연구하는 것이다. 단순히 돌보고 놀아주는 것뿐만이 아니라, 그 속에서 아이들의 신체적·정서적 발달을 도모하고 인성을 향상시키기 위해 노력하는 직업이 영유아교사다. 그렇기 때문에 영유아교사를 낮잡아 보는 우리 사회의 가혹한 시선이 사라지길 바라는 마음으로 함께 이야기를 나눠보고자 한다.

내 직업은 영유아교사,
아동교육 전문가입니다

저도 선생님이에요

앞서 영유아교사들의 전문성이 인정받지 못하는 문제를 넌지시 이야기했는데, 특히 20대 젊은 교사일 때는 이런 문제가 더 심각해진다.

어느 정도 이 생활에 적응했고 나름 경력이 되었다고 생각하는 시기인 영유아교사 3년 차 때의 일이다. 그때까지 내가 만나온 학부모님들의 대부분은 나를 교사로서 존중해주고 아이들이 어린이집에서 즐겁게 생활하는 것에 대해 늘 감사함을 표현해주셨다. 그런데 A의 학부모님은 조금 달랐다. 그분은 3년 차 직장인이지만 엄연히 20대인 나를 항상 '애를 제대로 볼 수 있을까? 나이도 어린데 잘할 수 있을까?'라고 말하는 듯한 의심 가득한 눈초리로 바라보았다. 그 눈빛이 불편했지만, 나에게 직접적으로 불쾌감을 준 일은 없었기에 나 역시도 내색하지 않았다.

그러던 어느 날, 여느 때와 같이 귀가 시간에 맞춰 아이와 함께 학부모님이 데리러 오시기를 기다리고 있었다. 드디어 현관 벨이 울리고 학부모님의 목소리가 들리자, 아이는 반가운 마음에 현관문 앞까지 달려 나갔고 나는 그런 아이를 뒤따라갔다. 마침 그날은 학부모님께 직접 전달해드려야 할 문서가 있었다. 상냥하게 웃으며 아이의 하루 일과를 간단하게 말씀드리고 문서에 대해 설명한 뒤, 학부모님께 전달하기 위해 문서를 든 손을 앞으로 내밀었다. 그러나 학부모님은 내가 내민 문서를 건네받는 대신, 턱짓으로 곁에 있던 신발장을 한 번 가리켰다. 신발장 위에 올려놓으라는 것이다. 사실 처음부터 내가 이야기하는 내내 학부모님은 내게 눈길 한 번 제대로 주지 않고 핸드폰 게임을 하고 있었다.

사람이 앞에서 이야기를 하는데 듣는 둥 마는 둥 하고, 문서를 내밀었는데도 받아주기는커녕 턱짓으로 저기 올려두라고 가리키다니. 대놓고 무시당한 듯한 기분에 얼굴이 화끈 달아올랐다. 하지만 그렇다고 거기서 학부모님과 싸울 수는 없다. 왜냐하면 그곳은 한 사람 때문에 분란을 만들어 소란스럽게 하기에는 너무나도 소중한 나의 직장이자 일터였기 때문이다. 모멸감을 꾹 참아 넘긴 이후 나는 '학부모와의 관계에 마음 쓰다가 아이와의 관계에서 소홀해져서는 안 된다, 더구나 A는 우리 반 귀염둥이가 아닌가! A를 봐서라도 잊자, 잊자, 잊어버리자' 수도 없이 되뇌곤 했다. 그러나 아무리 스스로 마음을 다잡으려 노력해봐도 불쾌감은 가라앉기는커녕 점점 더 큰 스트레스로 다가왔다. 그렇다면 이 스트레스를 풀 수 있는 근본적인 해결 방법은 무엇이란 말인가? 고민하기 시작했다.

그 당시 내가 생각해낸 해결 방법은 그 학부모님이 나를 교사로서 인정할 수밖에 없게 만드는 것이었다. 그래서 원장님을 찾아가 학부모님들을 대상으로 직접 부모교육을 하고 싶다고 이야기했다. 처음 내 말을 들은 동료 교사와 원장님은 하나같이 나를 말렸다. 부모교육은 쉽지 않은 일이고, 그러다 잘못되면 더 큰 문제가 생길 수도 있다는 것이었다. 그래서인지 부모교육은 대부분 외부 전문 업체를 통해 이루어진다. 하지만 나 역시 아이들에 대해서만큼은 전문가라고 생각했다. 포기하지 않고 동료 교사들 앞에서 몇 번이고 며칠이고 계속 연습, 연습, 또 연습하기를 거듭하며 노력하기를 한 달, 나는 부모교육을 멋지게 마무리할 수 있었다. 물론 내 마음을 쓰이게 했던 학부모님도 그 자리에 참여하였다.

그 후로 우리의 관계는 완전히 바뀌었다. 어머니는 이전처럼 나를 비전문가로 보면서 의심의 눈초리를 보내지 않고, 아이들을 진정 사랑하는 교사, 자질 있는 교사로 여기며 감사의 마음을 표현해주었다. 또 아이에 대해 궁금한 것이 있거나 힘든 점이 있으면 허심탄회하게 이야기를 나눌 수 있을 정도의 신뢰가 형성되었다.

결과적으로 보면 해피엔딩이지만 왠지 씁쓸한 뒷맛이 남는다. 돌아보면 조금 과한 행동이 아니었나, 하는 부끄러운 생각이 들 때도 있다. 하지만 후회하지는 않는다. 여전히 20대 교사를 바라보는 시선은 불편하고 가혹할 때가 많다. 그리고 대부분의 교사들은 그 편견 앞에서 마땅히 대응할 방법을 찾지 못하고 혼자 속으로 삭일 때가 많다. 아이들과 지내는 시간에 집중하고, 그 시간들을 되돌아보며 아이들의 전인적 발달·성장을 도울 수 있는 방법에 대해 좀 더 고민해야 하는 중요한 업무 시간을 불필요한 편견 때문에 감정 소비하는 데에 허비하는 일이 없어졌으면 좋겠다.

클럽 가면 다 보육교사라구요?

보육교사를 향한 뜬소문들이 참 많다. "클럽에 가면 보육교사가 엄청 많아. 보육교사는 다들 잘 놀고 술도 잘 먹더라~" 등이 그 대표적인 예가 되겠다. 이러한 소문들이 도는 것은, 보육교사는 문턱이 낮은 직업이라 누구나 쉽게 될 수 있고, 그래서 인격과 자질이 제대로 갖춰지지 않은 사람들도 많이 유입된다는 사회적 인식 때문이다. 그렇다면 정말 보육교사들은 모두 아이들을 보육하는 것보다는 노는 것에 더 관심이 많고, 교사로서의 자질도 떨어지는 사람들일까? 이러한 인식에 반박하기 위해서는 이들이 보육교사가 되기까지 어떤 과정을 겪는지, 얼마나 체계적인 교육을 받는지 설명할 필요가 있을지도 모르겠다.

유아교육과 학생들은 취업 전에 대학 교육을 통해 이론을 습득하는 것은 물론, 여러 단계의 현장 실습을 거친다. 여러 단계의 실습이라 함은 무엇일까? 유아교육과 학생들의 실습은 무려 일곱 개 단계가 존재하는데, 각 단계의 내용은 아래와 같다.

1단계: 여러 유아교육기관을 참관하여 유아들의 기관 생활과 수업, 교육 환경 등 기관의 지반을 이해한다.

2단계: 기관의 하루 일과와 한 주의 전체적인 흐름을 파악하기 위해 일주일간의 참관 실습이 이루어진다.

3단계: 한 주간 관찰했던 점들을 다시 한 번 짚어보고 자신이 놓쳤던 부분들을 되돌아봄과 동시에 그동안 배웠던 이론을 접목해 한 학기동안 유아교육과정 운영의 실제 및 기관의 하루 일과를 관찰한다.

4단계: 신학기 참여 실습으로, 학기 초 교사의 업무를 파악하고 신입 유아의 생활 지도 등 준비 과정을 익히기 위해 2주 정도 실습한다.

5단계: 현장을 지속적으로 접해보기 위해 매주 특정한 요일마다 기관에 나가 유아를 관찰하고 교사의 역할을 파악하며, 교재 및 교구 활용 방법 등을 습득한다.

6단계: 교사로서의 전체적인 직무 수행을 경험해볼 수 있도록 참관수업, 부분수업, 연계수업, 종일수업을 단계적으로 실시하며, 이 단계의 실습은 4주간 이루어진다.

7단계: 심화 실습으로 정기적으로 현장에 나가 보조교사의 역할을 하거나 부분적으로 수업을 진행해보는 실습이 이루어진다. 아이들과 직접 부딪쳐가며 어떻게 수업을 진행하는 것이 바람직한지 터득하고, 선배 교사들에게 피드백을 받아 부족한 부분을 수정·보완해가며 수업을 거듭한다.

유아교육과 학생들은 대학교 3~4학년 때 이상의 단계로 이루어지는 실습을 지속적으로 진행한 후 현장에 나와 교사로서 근무하게 된다. 그럼에도 불구하고 보육교사에 대한 사회적 인식은 상당히 좋지 않다. 조금 억울하게 여겨질 수도 있겠지만, 이러한 인식들을 높이기 위해서는 어쩔 수 없이 교사들도 전문 서적 읽기, 연수 참여 등은 물론 장학을 통해 자신의 수업이 좀 더 나아질 수 있도록 지속적으로 자기계발에 힘써야 한다. 또한 대학교에서도 교사 자격증을 수여하는 기준을 보다 높여야 한다. 현재는 대학교가 취업률에 골몰한 나머지 교사 자격증의 수준을 입학하면 누구나 딸 수 있는 것으로 격하시키고 있다는 인상을 지우기 힘들다. 대학교 차원에서 학교만 잘 다니면 누구나 교사가 될 수 있다는 인식을 없앨 수 있도록 노력하는 것이 현업에서 일하고 있는 보육교사들과 장차 현장에서 일하게 될 학생들을 진정 위하는 길이라고 생각한다.

무엇보다 우리 사회가 자체적으로 보육교사에 대한 부정적인 시선을 거두기 위해 노력해야 한다. 아이들을 사랑하는 마음만 가지고는 절대 보육교사가 될 수 없다는 것, 또 보육교사들은 학생 시절부터 전문적인 교육과정을 통해 지식과 현장 경험을 익혀온 사람들이고, 현업에 있으면서도 항상 아이들에게 더 나은 보육 환경을 제공하기 위해 노력하는 집단이라는 것을 알아주었으면 좋겠다.

단순히 애들이랑 뛰어놀거나
그림 그리고 블록 놀이하면 되는 게 아니에요

위의 내용과 연장선상에 있는 논의로서, 보육교사들이 어린이집의 활동을 준비하는 과정에 대해서도 이야기해보자. 생각보다 많은 사람들이 영유아교육기관에서의 수업을 굉장히 얕잡아 보는 경향이 있다. 정말 흔히들 생각하는 것처럼 기관의 수업은 아이들과 놀이터에서 놀아주거나 블록 쌓기를 하고, 자리에 앉아서 아이들이 그림 그리는 것을 지켜보는 게 다일까? 전문적인 이론을 배우고 여러 단계의 실습을 통해 배출된 교사들은 아이들과의 수업을 어떻게 준비할까? 새 학기를 시작하기에 앞서 모든 어린이집은 아이들과 어떻게 1년을 보낼지 논의한다. 교육과정은 기본적으로 누리과정을 기초로 계획되지만, 아이들의 상황, 발달 정도, 지역에 따라 융통성 있게 변형하기도 한다. 1년간의 교육과정을 작성한 후에는 월, 주, 일순으로 수업을 계획한다.

그리고 수업에 필요한 교구(놀잇감)를 제작한다. 유아교육과 학생들은 학과 수업에서부터 교구를 제작하고 사용해보는 시간을 갖는데, 이때의 경험은 현장에서 수업을 계획하고 교구를 만드는 데도 많은 도움이 된다. 시중에는 알록달록하고 예뻐서 아이들이 좋아하는 다양한 게임 도구들이 있지만, 그

중에는 교육적 목적을 상실한 채 흥미만을 추구하는 것들도 많다. 교사들은 색종이를 오리고 붙이는 등 예쁘게 꾸며 최대한 아이들의 흥미를 자극할 수 있도록 하되, 교육적 목적에도 알맞은 교구들을 제작해야 한다.

한 예로 '가을'을 주제로 아이들과 흥미로운 게임을 하고 싶다면 어떻게 할까? 시중에는 많은 게임판이 나와 있지만, 우리 반 아이들의 수준에 딱 알맞고 교육적인 목적도 가지고 있는 교구는 많지 않다. 이에 교사는 재미도 있으면서 게임을 통해 아이들이 수학적 규칙성도 이해할 수 있는, 교육 가치 높은 게임판을 만들기 위해 고민하고, 이를 실물로 제작한다. 그리고 이 교구들을 효율적으로 활용하기 위해 고심해서 수업을 계획한 후 수업에 임한다. 그리고 수업을 마치면 어떤 부분이 부족했고 어떤 부분이 좋았는지에 대해 스스로 혹은 동료 교사들과 평가회의를 한다.

아이들의 흥미와 계절의 변화에 맞춰 '여름의 날씨'를 주제로 수업을 진행하려면 어떻게 해야 할까? 아이들에게 여름의 날씨를 어떻게 설명할 수 있을까? 교사들은 고민 끝에 하늘, 태양, 식물 등 어린이집에 등원하는 길에 관찰할 수 있는 것들이 어떻게 변화되었는지, 또 며칠 전에 입었던 자신의 옷차림과 현재의 옷차림이 어떻게 달라졌는지 사진을 통해 기록

해둔 후 이야기를 나누어보기로 할 수 있다. 또한 동화책이나 동요를 통해 여름을 이해하는 데 한 발짝 더 다가가도록 할 수 있다. 이는 쉽고 간단해 보이는 일일 수 있다. 하지만 사진, 동영상, 수기로 기록을 남기며 아이들의 흥미를 이끌고 아이들과 상호작용하기 위해 지속적으로 노력하는 사람은 교사밖에 없다. 교사들의 고민과 노력이 담긴 수업을 통해 어제까지는 "선생님, 너무 더워요!"라고 느끼는 바를 막연하게 표현하던 아이들이, 오늘은 "선생님, 진짜 여름이 되었어요! 밖에 엄청 더워요!"라고 좀 더 구체적으로 표현할 수 있게 된다. 수업한 내용들을 토대로 어휘력이 조금씩 향상되는 것이다.

또 일반인들의 눈으로 볼 때, 아이들의 블록 놀이는 단순히 쌓았다가 무너뜨리기처럼 보일 수 있다. 하지만 교사의 시선은 다르다. 예를 들어, 아이들의 흥미와 누리과정에 기반하여 '우리 동네'에 대해 알아보는 시간을 갖기 위해 아이들이 살고 있는 동네를 블록으로 구성한다고 하자. 이때 교사가 개입하지 않는다면 아이들은 막연하게 아파트를 만들거나 혹은 우리 동네와는 아무 상관도 없는, 자신이 좋아하는 로봇을 만들 것이다. 하지만 교사의 적절한 개입이 이루어지면 아이들은 어제 등원하는 길에 그냥 지나쳤던 상가를 다시 한 번 생각하게 되고, 막연하게 다양한 물건을 파는 곳이라고 생각했던 마트에 대해서 나름대로 가판대도 만들어보며 마트 내부의 생김새에 대해 관찰하는 능력을 차츰차츰 향상시켜나간다. 이를 통해 아이들은 지역사회에 대해 관심을 가지게 될 뿐만 아니라 공간 지각 능력, 관찰력 등을 키워나갈 수 있다. 교사는 이러한 것들을 토대로 아이들이 신체, 의사소통, 사회관계, 예술 감각 등 전인적인 발달을 이룰 수 있도록 끊임없이 노력한다.

여러 가지 사례를 제시한 것은 보육기관의 수업에 어떤 의미가 있는지 반드시 일일이 알아달라는 의도는 아니다. 다만 얼핏 간단해 보이는 수업들도 다 교사들이 치열하게 연구하고 고민해서 만들어낸 결과물이라는 것을 이해해달라는 것이다.

보육교사 면허는 장롱 면허?

이게 무슨 말일까? 우리는 어렵게 얻은 것은 귀하게 여기고, 쉽게 얻은 것은 무의식적으로 소홀히 여기게 되는 경향을 가지고 있다. 보육교사 면허가 장롱 면허라는 말은 누구나 어렵지 않게 취득할 수 있는 면허이기에 장롱에 처박아둘 수도 있을 만큼 가볍게 여겨지기 쉬운 면허로 인식되고 있음을 의미하는 말이다.

우리는 앞에서 보육교사가 얼마나 철저한 실습 과정을 통해 훈련되고, 얼마나 치열하게 고민하여 수업을 준비하는지 알아보았다. 그러나 그럼에도 여전히 근본적인 문제가 남아 있는데, 그것은 보육교사가 될 수 있는 진입 장벽 자체가 너무도 낮다는 것이다.

현재 우리나라에서 보육교사 자격은 3개 급수로 구분되는데, 그중에서 3급 자격은 고졸 이상의 학력을 가진 사람이 시·도지사가 지정한 교육훈련시설에서 22개 교과목을 통해 65학점을 이수하면 딸 수 있다.[*] 과거에는 온라인 강의를 수강하는 것만으로도 3급 보육교사 자격을 획득할 수 있었다. 그러나 최근 몇 년 사이 빈발하는 아동학대 범죄로 인해 자격 요건을 강화해야 한다는 목소리가 거세졌다. 좋은 교사를 채용하기 위해 애쓰기보다는 가족이나 친지로 보육교사 자격증을 획득하게 하여 운영하는 일부 어린이집에서 아동학대가 발생하는 경우가 있었기 때문이다.

이에 정부에서는 2016년 〈영유아보육법〉 시행규칙을 개정해 기존에 온라인 강의만 들으면 획득할 수 있었던 보육교사 자격증 취득 기준에 오프라인에서 진행되는 8시간 이상의 대

---

[*] 유수인, 「고졸 어린이집 보육교사 없어질까… 복지부 "'학과제' 도입 검토 中"」, 쿠키뉴스, 2019.06.14.

면 수업에 참여할 것, 한 번 이상 직접 출석하여 시험을 볼 것 등을 추가함으로써 조건을 강화했다. 그럼에도 불구하고 여전히 많은 교육시설에서 암암리에 이러한 기준들을 제대로 지키지 않고 있는 것이 밝혀져 문제가 되고 있다. 대면 수업은 한 번만 출석하면 되고 직접 출석하여 보는 시험은 교수가 시험 문제를 미리 다 알려줄 것이니 걱정 말라고 이야기하는 곳도 있었다. 100명 중 전체 과정 출석이 턱없이 모자란 2, 3명 정도만 빼고 모두 다 이수할 수 있으니 걱정하지 말라나.

이에 정부에서는 또 다른 해결 방안으로 학점을 이수하면 자격증을 획득할 수 있는 개방형 방식이 아니라 학과제 방식의 보육교사 양성 체계를 검토하고 있다. 학과제란 특정 학과 졸업자에게만 교사 자격을 주는 제도를 말한다. 유치원교사 자격 요건의 경우 진작에 학과제 방식을 채택하고 있었기에 오래전부터 이미 보육교사와 유치원교사의 '신분 격차'에 대한 논란이 일어왔다.[*]

이러한 정부의 학과제 논의에 대하여 보육교사를 양성하고 있는 대학 교수의 82%는 찬성한다는 입장을 밝힌 것으로 나타났다. 이들이 찬성하게 된 이유에는 대학의 교과목을 이수

[*] 오수정, 「어린이집 교사 자격증 문의했더니 "출석만 하세요"」, 노컷뉴스, 2018.08.04.

해야 보육교사의 전문성을 기를 수 있다고 생각하는 것이 큰 비중을 차지하고 있었다. 유치원교사보다 낮잡아 보고 무시하는 등의 보육교사에 대한 기존의 부정적인 사회적 인식을 개선하기 위함도 있었다.

반면 학과제를 반대하는 사람들은 교육시설에서 현재 규정된 학점을 이수하는 것만으로도 충분히 보육교사로서의 역량을 갖출 수 있으며, 학과제 도입 시 현재 보육교사 2, 3급 자격을 취득하여 현업에 종사하고 있는 사람들에 대한 차별이 생길 수 있다는 것을 반대의 근거로 들었다. 현재 교육시설의 운영을 개선하고 역할을 재정립할 수 있도록 유도하는 것만으로도 문제를 충분히 해결할 수 있다는 의견도 있었다.**

잘 들어보면 학과제를 찬성하는 사람들과 반대하는 사람들의 입장을 모두 충분히 이해할 수 있다. '학교만 잘 나오면 좋은 교사가 될 수 있는가?'라는 의문은 합리적이다. 3급 자격증을 취득하여 현재 교사로 잘 활동하고 있는 사람들이 피해 보는 일은 없어야 한다는 주장에도 동의한다. 다만 확실한 것은 보육교사가 인성에서도, 전문적 역량에서도 자격 미달인 사람들일지라도 쉽게 자격증을 획득하여 활동할 수 있는

** 유수인, 「보육 전문가 82%, 어린이집 교사 자격 기준 '학과제 전환' 찬성」, 쿠키뉴스, 2019.06.15.

직업이 되어서는 안 되며, 그렇게 생각하는 인식도 바뀌어야 한다는 것이다. 그래야 교사들이 마음 편한 환경 속에서 우리 아이들을 가르칠 수 있을 것이기 때문이다.

영유아교사에게도 사생활이 있어요

설마…… 우리 아이도 아동학대를 당하는 거 아니야?

상대가 성인이라 해도 함부로 대해서는 안 되고 폭력을 사용하지 말아야 하는데, 특히나 자신의 생각과 감정도 아직 말로 잘 표현하지 못하는 아이들을 학대하는 것은 절대 일어나서는 안 되는 일이다. 그런데 최근 우리는 심심치 않게 아동학대에 대한 뉴스를 볼 수 있었다. 편식한다는 이유로 아이를 구타하거나 억지로 밥을 먹이고, 토해낸 음식을 입에 쑤셔 넣는 교사도 있었고, 발표회 준비를 하는데 잘 따라 하지 않는다며 아이를 밀치거나 윽박지르는 교사도 있었다.

물론 아동학대를 하는 사람은 교사라고 불릴 자격도 없는 파렴치한들이라고 생각한다. 하지만 인터넷 쇼핑을 하던 중 이러한 광고 문구를 발견했을 때는 좀 당황스러웠다.

"우리 아이의 안전을 위해 소형 녹음기를 설치하세요!"

어느덧 우리 사회는 CCTV만으로는 모자란지 녹음기까지 동원해 교사를 감시하는 학부모가 늘어나는 것은 물론, 그것을 조장하는 사회가 되어가고 있다. 하나의 예로 동료 교사가 겪은 일을 소개하고자 한다. 여느 때와 같이 밝은 미소로 등원한 아이. 큰 소리로 "안녕하세요!" 하고 인사하는 것과 동시에 새 목걸이를 샀다며 교사에게 자랑하였다. "선생님, 어제 엄마가 목걸이 새로 사줬어요. 엄청 예쁘죠? 근데 엄마가 이거 절대로 빼지 말라고 했어요. 꼭 하고 있으라고 했어요"라며 재잘재잘 목걸이에 대해 설명한다. 처음에는 단순히 새로운 목걸이를 사서 기분이 좋은가 보다, 라고 생각하였는데 아이의 부연 설명을 듣던 중 의아함이 생겼다고 했다. 이에 자세히 살펴보니, 그것은 단순한 목걸이가 아니라 초소형 녹음기였다고 했다.

이 녹음기는 명백히 불법이다. 왜냐하면 '몰래 녹음을 하는 것'이기 때문이다. 그렇기 때문에 형사소송에서는 그 효력을 인정받지 못한다. 그럼에도 목걸이로 가장해가면서까지 이 녹음기를 아이에게 딸려 보냈을 부모의 불안함을 이해할 수 없는 것은 아니다. 갑자기 아이의 몸에 자꾸 알 수 없는 타박상이 생기고 더불어 건강한 애착 관계를 형성해가야 할 교사를 꺼리고 어린이집에 가기를 거부한다면 학대를 의심하게 될 수밖에 없다. 잘 있다가도 갑자기 어느 지역에서 교사가 아이를 학대했다는 뉴스를 보면 '혹시 내 아이도?'라는 불안감이 드는 것도 충분히 인정할 수 있다.

하지만 교사에게 꼬치꼬치 물어가며 대놓고 의심을 드러내거나 이런 식으로 녹음기를 딸려 보내는 등의 일들이 지속된다면 교사도 사람인지라 스트레스를 받을 수밖에 없다. 스트레스의 원인은 자괴감이다. 내 동료 교사도 이런 일을 겪은 뒤 몰래 자신의 말을 녹취하려 한 학부모에게 왈칵 화가 나기보다는 내가 학부모에게 충분한 믿음과 신뢰를 주지 못한 것은 아닐까 하며 자책하게 되는 마음이 컸다고 했다. 이외에도 이런 일을 겪었을 때 많은 교사들이 "내가 이런 대우까지 받으며 이 일을 계속해야 하나"라는 고민을 하며 사기를 잃게 되리라는 것을 충분히 예상할 수 있다.

교사들은 이러한 스트레스를 안고서도 어린이집에서 이루어지는 여러 행사, 특히 학부모들에게 보여주기 위한 행사들을 아이들을 인솔하여 해내야 한다. 아이돌처럼 착착 맞는 군무를 선보여야 학부모님들께 더 예쁜 모습을 보여줄 수 있기 때문에, 교사들은 했던 이야기를 또 한 번 반복해야 하고, 아이들은 자신의 기질과는 상관없이 여러 번 무대에 올라 연습을 한다. 학부모님들을 위한 행사를 준비하는 과정에서 교사들은 물론 아이들도 스트레스를 받는다.

또 아이가 가정에서는 김치를 먹지 않지만, 어린이집에서는 가리지 않고 잘 먹을 수 있도록 지도해주었으면 좋겠다고 말하는 학부모가 있다. 억지로 먹이는 것이 싫어서 정작 부모는 먹이지 않는 김치를, 어린이집 선생님은 먹여주기를, 더욱

이 맛있게 먹을 수 있도록 지도해주기를 바라는 마음은 얼마나 터무니없고 이율배반적인가. 하지만 그럼에도 교사들은 부모의 부탁을 최대한 존중하기 위해, 사랑의 마음으로 아이들에게 맛있게 먹어주기를 부탁하기도 하고, 최대한 손짓, 발짓을 크게 해가면서 시범을 보여 아이들의 흥미를 끌어내려 하기도 한다. 그리고 원격 연수를 통해 아이들이 편식하지 않게 하기 위한 방법을 연구하고, 아이를 세심하게 관찰하여 힘들어하는 부분은 공감해주고 잘하는 부분은 크게 칭찬하고 격려해주며 하루하루를 보내고 있다.

거듭 말하지만 사랑스러운 우리 아이들을 정서적, 신체적으로 학대하는 사람은 교사라 할 수 없고, 그러한 사람들은 이유 여하를 막론하고 손가락질받아야 마땅하다. 하지만 모든 교사들을 잠재적 아동학대자로 바라보고 CCTV에, 녹음기까지 이용하여 감시하고자 하는 우리 사회에는 안타까운 마음이다. 내 아이의 어린이집, 그 어린이집의 교사를 조금만 더 믿어주고 격려해준다면, 우리 아이들을 보다 바람직한 방향으로 성장시킬 수 있는 좋은 교사들이 더 많아질 것이라 생각한다.

선생 놈 전화번호 알아내는 법 공유합니다!

얼마 전 인터넷상에서 논란이 된 게시물이 있다. "유치원 선생 놈들 전화번호 안 알려줄 땐 이 방법을 이용해보세요"라는 말로 시작되는 이 글은 교사의 연락처를 물어봐도 교사본인이나 유치원이 답을 주지 않을 때 학부모가 자체적으로교사의 연락처를 알아낼 수 있는 방법에 대해 다루고 있다.그 방법이라는 것은 참으로 음흉했다. 우선 첫 번째 방법으로 교사의 출신 대학교를 물어보라고 했다. 교사의 이름과 출신 대학교로 구글링하면 간혹 교사의 연락처를 포함한 학교비상 연락망을 발견할 수도 있다며. 출신 대학교 정도는 별의심 없이 알려줄 수 있는 정보이며, 또 알리지 않으려고 할시 학부모에게 자신의 출신을 속이는 듯한 인상을 줄 수도 있으니 대부분 스스럼없이 알려준다는 것이다. 참으로 소름 끼치는 '신상 털기'가 아닐 수 없다. 이어지는 두 번째 방법은 더악랄하다. 교사의 SNS를 검색하라는 것인데, SNS를 뒤져 욕설, 비속어나 술 마시고 노는 장면 등을 담은 사진을 찾아내어 "선생님 SNS에서 이런 것들을 보았는데 원장님과 이에 대해서 대화를 나누어보고 싶어요. 아니면 선생님께서 직접 해명해주시겠어요?"라고 말하면 대부분 당황하여 연락처를 알려준다는 것이다. 참으로 뻔뻔하고 파렴치한 행동이 아닐 수 없다. 실제로 해당 게시글에는 "학부모가 벼슬이냐" "도대체 왜 이렇게까지 하려고 하는 거냐" "왜 안 그래도 힘든 교사들을 이런 식으로 괴롭히냐" 등의 댓글 반응이 쇄도했다.

도대체 왜 영유아교사의 번호를 알아내고자 하는 것일까? 물론 아이들의 안부와 생활을 확인하고 싶은 것은 부모로서 당연한 마음이고, 자녀와 자녀교육에 대한 상담을 원할 수도 있을 것이다. 그러나 아이들과의 일과 시간에 전화를 걸어 자녀의 안부를 물으려 들면 수업에 방해가 되고, 아이들의 안전에도 문제가 생길 수 있다. 잠깐만 눈길을 거두어도 사고를 당할 수 있는 것이 아이들이기 때문이다. 또 모든 일과를 마친 후 전화를 건다고 해도 문제다. 하루 업무를 마치고 휴식을 취하며 자기만의 시간을 갖고자 하는 교사들에게 퇴근 후에도 학부모들의 전화를 받으며 기관의 일을 생각해야 하는 것은 어쩔 수 없이 피곤한 일이다. 학부모 한 명만 전화하고 메시지를 보낸다고 해도 힘든 일인데, 여러 명이 그런다고 생각하면 더 아득해진다. 여기에 간혹 교사의 메신저 프로필 사진을 캡처하여 학부모들끼리 공유하고 뒷담화를 하기도 하는 등의 일들이 발생하고 있어 더욱 문제가 되기도 한다.

많은 유치원과 어린이집 들이 처음에는 이런 이유로 교사 연락처를 공개하는 것을 거부해왔지만, 최근에는 빗발치는 학부모들의 요구로 인해 교사의 번호를 알려주는 방침으로 나가는 기관들도 점점 많아지고 있는 추세다. 도대체 오늘날 영유아교사의 인권과 사생활은 어디로 가고 있는가?

영유아교사들은 놀러 다니면 안 되나요?

아래는 위에서 다루었던 염려들이 극단적으로 드러난 것을 볼 수 있는 교사와 학부모의 메신저 대화 내용이다.

> **학부모 A:** 선생님, 주말에 죄송한데요.
>
> **영유아교사:** 네, 말씀하세요!
>
> **학부모 A:** 사실 어제 밤에…… 한신포차에서 나오시는 모습을 보았습니다.
>
> **학부모 A:** 그곳이 어떤 곳인지는 잘 알고 있어서 너무 충격적이네요……
>
> **학부모 A:** 선생님이시면 더욱 행동을 조심하셔야 하는 거 아닌가요?
>
> **학부모 A:** 술 냄새 화장 냄새 풍기면서 술집 여자처럼 다니다가 낮엔 아무렇지도 않은 얼굴로 애들 가르치실 건가요?
>
> **학부모 A:** 한 번만 더 이런 일이 있으면 공론화하겠습니다.

학부모 A: 선생님.

영유아교사: 안녕하세요! 말씀하세요.

학부모 A: 요즘 애들이 스마트폰을 얼마나 잘 다루는지 알고 계신가요?

학부모 A: 아이들이 선생님 SNS에 무심코 들어갔다가 가슴이 훤히 보이는 사진을 보기라도 하면

학부모 A: 잘못된 성적 관념이 생길 수도 있다는 사실을 생각 안 해보셨나요?

학부모 A: 정말 이해가 안 가네요⋯⋯.

학부모 A: 삭제해주시기 바랍니다.

한 학부모가 교사가 술집에서 나오는 모습을 보았다며 대화의 포문을 연다. 행동을 조심해달라는 것이다. '술집 여자' 같다는 인격 모독도 서슴지 않는다. 그로부터 얼마 후에는 교사가 개인 SNS에 올린 사진을 가지고 신체 노출이 많다며 아이들에게 잘못된 성적 관념을 심어줄 것이냐고 따진다. 그리고 이런 사진을 올리는 것은 교사로서 적절한 행동이 아니라며 삭제할 것을 요구한다.

이 대화 내용을 본 많은 영유아교사들은 격분했다. 다 큰 성인이 학부모가 무서워 술도 마실 수 없단 말인가? 영유아

교사는 음주가무를 즐길 수 없다는 법은 어디에도 없다. 더구나 퇴근 후의 일이 아닌가. 업무 시간 중 교사로서의 소임을 소홀히 한 것도 아닌데, 교사로서의 자질까지 왈가왈부하다니. 그리고 SNS는 개인의 영역인데 학부모가 도대체 무슨 권리로 사진을 삭제해라 어째라, 감 놔라 배 놔라 한단 말인가? 학부모라고 해서 교사의 자유권을 침해해도 되는가?

사실 이 내용이 사실인지 아닌지는 제대로 확인되지 않았다. 하지만 교사들이 이에 감정이입하고 격분했다는 것은 이렇게 터무니없는 것을 요구하고 근무시간 이외에도 잦은 연락을 해 오는 학부모가 생각보다 많고, 심지어는 이를 당연한 것으로 여기기까지 하는 인식이 팽배해 있다는 것을 시사한다. 아이들과 함께하는 직업이라는 이유로 영유아교사들에게 유독 엄격한 도덕적 잣대를 들이대는 사람들이 생각보다 많다. 이들에게는 교사도 똑같은 사람이라는 것을 생각해주었으면 좋겠다고 말하고 싶다. 더불어 술을 마시는 일이든, SNS에 사진을 올리는 일이든 누구나 할 수 있는 일이라면 교사도 할 수 있으며, 이를 제지할 수 있는 권한은 누구에게도 없다는 사실을 기억해주었으면 좋겠다.

그래도 영유아교사로 살아가는 이유

영유아교사를 무시하거나 이들의 역할을 오해하는 사람들이 이렇게나 많은데, 이들이 영유아교사로서의 삶을 계속해나가는 이유는 무엇일까? 단순히 아이들을 좋아하기 때문만은 아니다. 아이 한 명 한 명의 성장 과정을 지켜보고, 이를 보다 건강한 방향으로 이끌어주는 것이 보람된 일이라 생각하기 때문이다.

개인적으로 가장 보람을 느꼈던 일을 소개해보고자 한다. 몇 해 전 우리 반에는 한 말썽꾸러기 남자아이가 있었다. 그 아이는 몸으로 놀이하는 것을 좋아하고 청개구리처럼 장난기 가득한 얼굴로 교사의 말과 반대로 행동한다는 점에서는 여느 남자아이들과 같았지만, 그럼에도 여타 친구들과는 다른 점이 있었다. 바로 성인의 관심을 원하면서도 제대로 된 관심을 받아본 적이 없었기 때문에 정작 관심을 받으면 어색해하고 어쩔 줄 몰라 한다는 것이다. 바쁜 부모님으로 인해 가장 일찍 등원해 가장 늦게 하원하는 아이. 피곤한 부모님 때문에 쉬는 날에도 거의 집에서만 지내는 아이. 이런 사정을 알고 있었기에 나는 아이에게 천천히 다가갔다. 눈인사부터 시작하여 악수, 하이파이브, 포옹까지. 차근차근 조금씩 스킨십을 하면서 애착 관계를 형성해나갔다. 초창기에는 우여곡절이 많았다. 손가락을 만지거나 머리를 쓰다듬으면 "아, 왜요!" "하지 마세요!"라고 소리치며 도망가곤 했다. 그리고 심한 날은 오히려 친구를 때리거나 교실을 뛰어다니는 등 격한 행동을 하기도 했다. 그럴 때면 그 또한 교사의 관심을 받기 위한 행동이라는 것을 알면서도 화가 났다. 이렇게 속상하고 힘든 날도 많았지만 나는 그 아이를 포기할 수 없었고, 아이의 학부모님과도 지속적으로 연락하며 원뿐만 아니라 가정에서도 아이를 위해 노력할 수 있도록 유도했다.

그렇게 한 해가 흘러 아이는 원을 졸업하고 초등학교로 올라가게 되었다. 그 무렵 아이의 표정은 한결 편안해졌고 다른 사람과의 스킨십에도 익숙해졌다. 물론 모든 사람들과의 관계가 좋아진 것은 아니었지만, 부모님과 담임 교사와의 애착 관계만큼은 확실해져서 졸업한 후에도 유치원에 가장 많이 찾아와 안부 인사를 전하는 아이가 되었다. 학교에 가서도 친구들을 사귀기까지 걸리는 시간이 많이 줄어들었다고 했다. 앞서도 말했지만 이 아이가 하루아침에 달라진 것은 아니다. 가정과 원에서 일 년이라는 긴 시간 동안 포기하지 않고 노력했기에 가능했던 일이라고 생각한다.

그때부터 지금까지 나는 많은 아이들을 만나고 함께 시간을 보내왔다. 그리고 내가 만났던 모든 아이들은 아직 만들어가고 채워가야 할 부분들이 많아 무한한 가능성을 지니고 있는 존재들이었다. 그렇기에 그 형성과 발달에서 어려운 부분을 도와주기 위해 노력하고, 그 부분들이 고쳐지고 채워져가는 것을 보면 뿌듯함을 느낄 수밖에 없었다. 나 외에도 많은 교사들이 이러한 자긍심을 갖고 하루하루 교사로서의 삶을 계속해나가고 있다.

그러므로 더더욱 영유아교사에 대한 편견은 사라져야 한다. 이들은 오직 미래의 희망인 아이들을 위한다는 마음 하나로 학과에 들어와 여러 실습 단계를 거쳐가며 교사가 되기 위한 준비를 하였고, 현장에 나와서는 아이들을 위해 끊임없이 노력하고 있다. 여러모로 열악한 환경이지만 단순히 환경만 탓하며 두 손 놓고 지내는 것은 아니다. 오늘도 영유아교사들은 아이들과 함께 지내는 환경을 좀 더 개선하고 최대한 아름답게 만들어가기 위해 노력하고 있다. 그런 교사들을 응원해주시기를 부탁드린다.

참고문헌

오수정, 「어린이집 교사 자격증 문의했더니 "출석만 하세요"」, 노컷뉴스,
    2018.08.04.

유수인, 「고졸 어린이집 보육교사 없어질까… 복지부 "'학과제' 도입 검토 中"」,
    쿠키뉴스, 2019.06.14.

유수인, 「보육 전문가 82%, 어린이집 교사 자격 기준 '학과제 전환' 찬성」, 쿠키
    뉴스, 2019.06.15.

우리 아이들의
소중한 나날을
지켜주기 위하여
_김예은

오늘날 우리 아이들을 바라보는 교사의 안타까움

교사로서 아이들을 볼 때 안타까운 부분들, 힘든 점들이 있다. 부모와 교사 간의 교육관 차이가 클 때가 특히 그렇다. 100개의 가정에는 100개의 교육 방법이 존재한다고 해도 과언이 아닐 만큼, 가정마다 아이들을 대하는 방식이나 교육·훈육 방침은 천차만별이다. 물론 영유아교사들은 이렇게 다양한 가정의 요구에 모두 맞춰줄 수 없다. 교사의 교육 방침과 가정에서의 교육 방침이 달라 교사와 학부모가 갈등을 빚게 되는 사례들도 실제로 많이 있다. 딱히 누가 나쁘고, 누가 잘못했다고 말하기 애매한 상황이다.

하지만 그럼에도 불구하고 교사로서 학부모들에게 꼭 말씀드리고 싶은 것이 있다면, 유년기는 우리 아이들의 인생에서 다시 오지 않는 소중한 시절이라는 것이다. 우리는 누구나 마음 한편에 추억의 향기 하나쯤은 가지고 있을 것이다. 놀이터 돌담에 걸터앉아 풀잎과 꽃잎으로 소반을 지으며 맡았던 진한 풀꽃 내음, 어두워진 하늘 아래로 친구와 막연하게 다음 날의 만남을 약속하며 집으로 돌아왔을 때 코끝을 간지럽히던 달짝지근한 반찬 냄새.

약속하고 만나지 않아도 놀이터엔 항상 아이들이 있었고, 이름은 알지 못해도 서로 어울려 달음박질하며 웃음 한 번 지어 보내면 친구가 되었다. 그렇게 함께 또 하나의 추억을 만들어갔다. 반면 오늘날에는 시대적·사회적 요구에 따라 봇물 터지듯 쏟아지는 유아교육 콘텐츠와 그에 부응하듯 한없이 높아져만 가는 학부모의 교육열, 사회 환경에 따라 변화하는 양육 방식 등이 그 자리를 채워가고 있다. 그리고 그 중심엔 그것을 감당해내야 하는 아이들이 있다. 이 대목에서는 교사로서 우리 아이들과 그들의 생활을 봤을 때 느꼈던 안타까움에 대해 말해보고 싶다. 격동하는 보육 패러다임 속에서 오늘날 우리 아이들은 자신의 유년 시절을 어떤 감각으로 채워가고 있을까, 먼 훗날 떠올릴 때에 이 시절을 어떤 모습으로 기억하게 될까? 우선 오늘날 급변하는 사회에 발맞추어 많이 변화된 우리 아이들의 생활을 관찰해보려고 한다.

아이 교육, 생각만큼
걱정하지 않아도 된답니다

우리 애는 힘든 활동 시키지 말아주세요?

아이들은 삶 속에서 이루어지는 여러 경험을 통해서 많은 것을 배우고, 세상을 알아간다. 그래서 영유아교육기관은 아이들에게 다양한 경험을 제공하기 위해 여러 가지 활동을 계획한다. 영유아교사 일을 하면서 가장 안쓰러웠던 것 중 하나는 학부모가 원의 활동을 신뢰하지 못하거나 지나치게 아이들을 과잉보호하는 나머지, 아이들에게 다양한 경험을 해볼 자유를 박탈하고 있다는 것이었다. 내가 직접 겪은 일들, 동료 교사에게 들은 이야기들을 몇 가지 소개해보겠다.

항상 점심시간에 맞추어 느지막이 등원하던 아이가 있었다. 시곗바늘이 정오를 가리킬 때쯤 삐죽 선 까치집을 머리에 얹고 등원하던 아이. 그 아이와의 하루 일과는 그때부터 시작된다. 학부모 상담에서 아이의 등원 시간에 대해 이야기를 꺼내자 학부모님은 이렇게 대답하셨다. "괜찮아요, 아이가 하고 싶은 대로 하게 기다려주는 것이 저희 양육 방법입니다. 저희도 일찍 보내고 싶은데 아이가 일어나기 힘들어하는 걸 보면 안쓰러워요. 잠은 어른들도 이기기 힘들잖아요. 어린아이들이 뭘 알겠어요, 시간이 지나고 더 크면 그땐 잘 일어나겠죠." 너무나도 아무렇지 않게 자신의 의견을 피력하시는 확고함에 말을 잃었다.

내가 일하고 있는 원의 경우 오전 일과를 마친 아이들은 점심을 먹고 특별활동 시간을 가진 후 낮잠시간이 임박하면 조용한 놀이로 시간을 보내다가 낮잠을 잔다. 오후 자유 선택 활동 시간엔 오전에 미처 하지 못했던 활동을 하며 일과를 보내게 된다. 늦은 등원은 사소한 것처럼 보이지만, 기본 생활 습관과 사회관계 형성에도 영향을 줄 수 있다. 늦게 등원하는 만큼 아이가 기초적인 공동생활의 규칙을 익히고 친구들과 교류할 수 있는 시간은 적어지고, 그만큼 기본 생활 습관에 대한 이해와 사회관계의 폭이 넓어지기 어렵기 때문이다.

만 3세 반을 담임하였을 때 겪은 일이다. 아이들과 활동을 하던 중 재료가 부족하여 옆 반에 잠시 다녀왔는데, 우리 반 아이의 할머님 한 분이 교실 앞을 서성이고 있었다. 내가 도착하자 할머님은 별다른 말씀 없이 1층으로 내려가셨다. 그런데 하루 일과를 마무리할 때 즈음 그 아이의 어머님께 연락이 왔다. '아이들끼리만 놔두고 교사가 너무 오래 자리를 비워놔서 보시는 할머니가 애가 타셨다'는 민원이었다. 억울한 마음이 들었지만, 사정이야 어떻든 귀한 손주 다칠까 걱정하셨던 할머님의 손주 사랑이라 여기고 상황을 잘 마무리하였다.

그런데 하원 방식에 대해서 또다시 민원이 들어왔다. 당시 우리 원은 아이가 스스로 자기 이불 가방을 들고 하원하도록 하는 시스템이었는데, 할머님 보시기에 어린 애가 혼자 이불 가방을 들고 내려온 것이 마냥 안쓰럽고 가여워 보였던 모양이다. 졸지에 교실에서 노는 교사들로 오해를 받은 우리는 이후로 15명의 아이들이 하원할 때마다 일일이 같이 내려가며 배웅해주어야 했다.

7세 반 담임을 했을 때의 일이다. 점심시간이 막 지났을 때쯤 화장실에서 쩌렁쩌렁한 울음소리가 들렸다. 급하게 화장실로 가 보니 한 아이가 울며 작은 소리로 중얼대고 있었다. 왜 우는지 물어보니 화장지가 없어서 어떻게 해야 할지 몰라 눈물이 났다고 했다. 화장지를 가져와 아이에게 쥐여주니 아이는 머뭇머뭇하다가 다시 눈물을 보이며 "엉덩이 닦는 건 엄마가 해줬어요, 혼자 닦으면 안 된다고 했어요. 선생님이 도와주세요"라고 말했다.

자녀를 위하는 부모의 마음을 이해하지 못하는 것은 아니지만, 인간은 경험과 실패를 통해 배운다는 말도 있듯이, 때로는 건강한 실패 경험도 필요하다. 부모가 아무리 영상을 보여주며 뜨거운 물은 만지면 안 된다고 가르쳐도 뜨거운 물을 직접 만져본 적 없는 아이들은 뜨거운 물의 위험성을 정확히 인지하지 못한 채 그저 막연히 그러려니 하는, 일종의 '세뇌'를 겪게 된다. 경험과 세뇌는 엄연히 다르며 어느 쪽이 더 가치 있는 것인지는 조금만 생각해보면 바로 알 수 있다.

"좋은 건 다 해줄 거야" "우리 아이는 털끝 하나도 다치면 안 돼" 등은 자녀를 가진 부모라면 누구나 할 수 있는, 지극히 자연스러운 생각이다. 그러나 그 생각이 발현되어 나타나는 행동이 과하면 문제가 될 수 있다. 자녀에게 좋은 것을 부모가 자의적으로 판단하여 강요하고, 자녀를 지나치게 과보호함으로써 경험의 폭을 제한하는 결과를 낳을 수 있기 때문이다. 자녀를 위한다는 명목 아래, 아이가 스스로 환경을 선택하고 경험할 수 있도록 하는 것이 아니라, 성인의 관점으로 판단하며 아이의 결정권을 존중하지 않는 경우가 많다는 것을 말하고 싶었다. 오늘날 출산율이 저하되고 한자녀가정이 많아지면서 이런 현상은 더욱 심화되고 있다.

앞의 사례의 7세 반 아이의 경우 충분히 의사소통과 문제 해결이 가능한 연령임에도 불구하고 부모의 과잉보호로 인해 스스로 문제를 해결하는 능력이 취약해져 있음을 볼 수 있다. 부모의 강압적인 양육 태도나 과보호 속에서 자란 아이들은 혼자 선택하는 것을 어려워하고 쉽게 다른 사람을 의지하려는 성향을 보이는 반면, 부모가 아이의 결정권을 존중하고 실패 경험도 장려하며 길러온 아이들은 낙천적이고 긍정적인 성향을 보이는 경우가 많다. 이렇게 유아기에서의 부모 양육 태도에 따라 아이들의 성향이 결정되므로 자신이 선택한 것에 대해 때로는 실패도 경험하고, 이를 통해 스스로 깨달음과 성취감을 느끼며 성장할 수 있도록 도와야 한다.

아이들은 부모가 생각하는 것보다 많은 잠재력을 가지고 있다. 부모가 알고 있는 모습이 아이의 전부가 아닐 수도 있다는 말이다. 부모 눈으로 보기에 조금 어려워 보이는 활동, '어, 우리 아이는 아직 저런 것까지는 못 할 것 같은데' 하는 일도 아이들은 생각 외로 곧잘 해낼 때가 많다. 또 우리 아이들이 가진 잠재력 중 무엇보다 귀중한 것이 실패를 통해 배울 수 있는 능력이다. 실패를 겪으면 비록 조금 쓰라리긴 하겠지만, 아이들은 충분히 그 실패를 딛고 일어나 더 힘차게 도약할 수 있다. 우리 아이들은 언제나 부모가 생각하는 것보다 강하다. 그 정도가 지나치게 심한 것이 아니라면, 몸을 많이 움직여야 하는 체육 활동을 하며 땀을 뻘뻘 흘리다 녹초가 되는 경험도, 친구와 신나게 놀다가 넘어져 무릎이 깨지는 일조차 아이들에게는 유익하다. 교사들은 아이들에게 그걸 가르치고자 하는 것이다.

아이와 어떻게 놀아줘야 할지 모르겠어요

학부모 상담 기간이 되면 심심치 않게 들려오는 질문 중 하나는 "아이와 어떻게 놀아줘야 하는지 모르겠어요"다. 의외로 아이와 놀아주는 것에 부담감을 느끼는 학부모들이 많다. 부담감의 상당 부분은 아이에 대한 미안함에서 온다. 최근 맞벌이 가정이 급증하면서 저녁 늦게까지 원에서 시간을 보내는 아이들이 많아졌다. 영문도 모르고 부모와 함께하지 못하는 아이도 속상하지만 평일 야근에 주말 출근에 도저히 아이와 함께할 체력도, 시간도 남아나지 않는 부모 속도 속이 아니다. 바쁜 가운데 짬을 내어 정신없이 좋은 놀잇감이며 아이가 참여할 만한 원데이 쿠킹 클래스 등의 일일수업 프로그램을 찾는다.

교육 프로그램에도 유행이라는 것이 있다. 초보 학부모들은 유행에 뒤처지지 않기 위해 학부모들이 모이는 커뮤니티에 가입하고 쏟아지는 '카더라' 정보에서 찾아낸 여러 가지 놀이와 경험을 아이에게 제공한다. 덕분에 각 지역의 문화센터에는 아이들을 위한 다양하고 독특한 프로그램들이 성황을 이루게 되었다.

화려하고 다양한 교육 프로그램의 오아시스로도 놀이에 대한 아이의 갈증이 해갈되지 않는다면, 이를 고가의 장난감을 사주는 것으로 달래려는 모습도 보인다. 그러나 분명 아이의 발달에 좋다고 하여 큰마음 먹고 구매한 장난감들인데 정작 아이들은 별 관심을 보이지 않을 때 그렇게 허무해질 수 없다는 넋두리도 종종 듣게 된다.

그럴 때마다 나는 항상 동일한 대답을 한다.

"학부모님, 뭘 해줘야 한다는 강박감을 내려놓으세요."

아이들은 작은 경험을 통해 성장한다. 지식과 경험이 성인에 비해 현저히 적은 아이들에게 이 세상의 모든 것은 그 자체로 새롭고 신기하다. 아이들이 가족 놀이, 시장 놀이 등 일상생활에서 직간접적으로 경험하게 되는 모든 것을 놀이로 모방하는 것은 그 때문이다. 따라서 부모와 함께 마트에 가서 직접 돈을 주고받으며 물건을 사는 것, 집안일을 돕는 것같이 작고 소소한 일상의 행위들도 아이들에겐 모두 새로운 경험이자 놀이가 된다.

그러나 일부 부모들은 이 사실을 모르기 때문에 아이들이 보챌 때 달래주지 못하고 놀아주지 못해서 당황하곤 한다. 진땀을 흘리며 뒤적뒤적 주머니에서 무언가를 꺼낸다. 스마트폰이다. 그저 손가락으로 몇 차례 화면을 두드렸을 뿐인데, 이내 유튜브에서는 아이들이 좋아하는 노래나 만화가 흘러나온다.

스마트폰은 육아의 아군인가, 적군인가

미용실에 갔을 때의 일이다. 머리를 감고 밖으로 나오니 15개월 정도로 보이는 여자아이가 아빠에게 안겨 울면서 엄마를 애타게 부르고 있었다. 엄마가 멀리 있는 줄 알았는데 알고 보니 바로 앞에서 머리를 하고 있었고, 아빠가 안고 있었지만 그래도 낯선 공간에서 엄마와 떨어져 있으니 불안했는지 계속 엄마에게 손을 뻗으며 애타게 엄마를 찾고 있었다. 아이는 지쳐서 목소리에 힘이 없어질 정도로 오랜 시간 동안 엄마를 불렀음에도 엄마가 반응을 해주지 않자, 이내 엄마의 관심을 끌기 위해 "아이 씨, 아이 씨" 해댔다. 그러자 아이의 아빠는 "그런 말 하면 안 돼!"라고 말하곤 핸드폰을 꺼냈다.

잠시 후 아이의 울음소리로 가득했던 미용실엔 발랄한 동요만 퍼졌고 아빠는 "진작 줄걸" 하며 흐르던 진땀을 닦아내었다. 이 모든 상황을 지켜본 나는 안타까운 마음이 들었다. 15개월 정도 되었다면 아이는 엄마의 어조와 간단한 단어를 통해 말의 뜻을 이해할 수 있다. 낯선 환경 속에서 잔뜩 긴장해 있는 아이의 불안한 마음을 읽어주고 "엄마 여기 있을 거야, 괜찮아"라고 한마디만 해주었다면 아이는 울음을 그치고 보다 안정된 마음으로 엄마를 기다리지 않았을까, 생각하게 된다.

'1인 크리에이터'라는 새로운 직업군이 탄생함으로써 오늘날의 미디어는 다채롭게 확장되었다. 거기에 발맞춰 영유아, 어린이를 타깃으로 하는 미디어 콘텐츠도 섭섭지 않을 만큼 등장했다. 이제 아이들은 '캐리 언니'에게 환호하고 '핑크퐁'의 노래에 맞추어 춤을 춘다. 스마트폰을 통해 볼 수 있는 이런 콘텐츠들에는 분명 아이들에게 도움이 되는 측면도 있다. 우선 스트레스를 해소해준다. 또 오감을 활용하는 만들기 영상 등은 아이들의 상상력과 창의력을 자극하며 건강한 발달을 도울 수도 있다.

아이를 가진 지인들과 대화를 나눌 기회가 있었는데, 정보화 시대답게 동화 읽어주는 태블릿 PC에 대한 찬사가 뜨거웠다. 다채로운 색감으로 가득 찬 화면을 보며 감정이 생생하게 살아 있는 성우들의 목소리로 동화를 들으면, 무뚝뚝한 엄마 목소리로 읽어줄 때보다 아이들의 집중도도 높아지고 좀 더 재미있게 동화를 들을 수 있어서 많이 찾게 되고, 태블릿 하나만 가지고 있으면 천군만마를 얻은 것 같은 기분이 든다는 것이다.

태블릿 PC를 통해 동화뿐만 아니라 다양한 학습이나 놀이 콘텐츠도 접할 수 있다고 했다. 부모가 말로 열 번 설명하는 것보다 애니메이션으로 한 번 보여주는 것이 더 학습 효과가 좋은 것 같다고 했다. 직접 이야기하다 보면 자기도 모르게 고압적인 말투를 사용하게 될 때도 있는데, 영상으로 부모의 요구 사항을 우회적으로 전달하면 갈등 없이 상호작용할 수 있고 조금 더 좋은 부모가 되는 것 같은 위안이 들기도 한다는 말도 덧붙였다.

"여기저기 제대로 살피지 않고 뛰어다녀서 마음이 조마조마했는데 놀이터 가기 전에 '안전하게 놀이터 이용하는 방법'이라는 동영상을 계속 보여줬더니 글쎄 진짜로 놀이터 가서 영상에서 했던 대사들을 따라 하면서 조심히 노는 거 있지? 그런 걸 보면 꼭 미디어가 나쁜 것만은 아닌 것 같아"라는 말을 들었던 것을 기억한다.

부모가 태블릿 PC에 의지하게 되는 것은 단순히 '교육을 위해서'라는 이유 때문만은 아니었다. 아이의 관심을 돌려주어 육아와 가사에 도움이 된다는 이유로 태블릿 PC를 애용한다는 경우도 많았다. "큰애를 어린이집에 보내고 나면 집에 있는 둘째를 봐야 한다. 밀린 집안일을 하고 둘째 아이를 챙기다 보면 어린이집에 갔던 큰애가 돌아올 시간이 된다. 어린이집에서 보낸 숙제를 같이 봐주고, 아이들을 먹이고 씻기고 살피다 보면 몸이 열 개라도 모자랄 것 같다. 그러다 정신을 차려보면 벌써 하루가 다 저물어 있다. 아무리 부모와 놀면서 배우는 게 아이 정서에 좋다고 해도, 한두 번은 감당할 수 있지만 이것이 일상이 되면 부모에게도 한계가 온다. 그럴 때 아이에게 잠시 태블릿 PC를 보여주며 한숨 돌리고, 아이가 영상에 집중하고 있는 시간 동안 바짝 살림을 정리하고 해야 할 일들을 하고 나서 그 이후에 아이가 원하는 놀이를 잠시 해주는 식으로 하면 그나마 숨통이 트이는 것을 느낄 수 있다"고 말하는 부모를 만난 적이 있다.

이 부모 외에도 아이의 관심을 돌리기 위한 용도로 스마트폰을 사용하는 부모들은 상당히 많다. 해야 할 일이 태산 같은데 자꾸 울고 보채거나 공공장소에서 갑자기 떼를 쓰며 드러눕는 등 아이가 돌발 행동을 보이면, 경험이 많지 않거나 이럴 때는 어떻게 해야 하는지 잘 알지 못하는 부모들은 당황해버리기 쉽다. 이럴 때 의지하기 좋은 것이 태블릿이나 스마트폰을 통해 보여줄 수 있는 미디어 콘텐츠다. 스마트폰을 통해 신나는 음악이 나오는 동영상을 틀어주면 울던 아이도 눈물을 뚝 그친다. 실제로 한 아동용품 업체의 조사에 따르면 부모가 자녀에게 스마트폰을 보여주는 순간은 '집안일을 할 때'가 47.5%, '공공장소에 방문했을 때'가 19.4%로 가장 높게 나타났다.* 얼핏 스마트폰은 든든한 지원군처럼 보이기도 하지만, 이렇게 계속 스마트폰을 사용하여 아이를 달래다 보면 결국 스마트폰 때문에 수렁에 빠지게 된다. 마음먹고 스마트폰 사용을 중단하려 하면 이전과는 비교도 되지 않는 격렬한 '땡깡' 후폭풍이 닥쳐오기 때문이다.

언젠가 한 할머님께서 하소연해 오신 적이 있다. 손주가 워낙 활력이 넘치는 아이라 집에서 침대를 트램펄린 삼아 방방 뛰면서 에너지를 소비한다고 했다. 이로 인해 층간소음이 발생하여 이웃의 항의가 이어졌다. 이에 할머님은 으름장도 놓아보고 어린이집 일과가 끝나면 한두 시간씩 놀이터에서 놀게 하고 돌아오는 등 여러 방법을 시도해보았지만, 문제가 완

---

* 김태훈, 「유튜브 육아, 영상 중독 부른다」, 주간경향, 2019.08.12.

전히 해결되지는 않았다고 했다. 결국 할머님은 최후의 해결 방안으로 스마트폰으로 한두 번 정도 영상을 보여주었다고 하는데, 이제는 자는 척하고 이불 속에서 몰래 영상을 보고 있는 모습을 발견하게 되었다며, 어떻게 해야 할지 모르겠다는 사연이었다.

오늘날 스마트폰은 정보 매체로서 일상생활에 꼭 필요한 수단이 되었지만, 전문가들은 영유아기 미디어 사용을 긍정적으로 생각하지 않는다. 육아정책연구소에서 발표한 '영유아의 미디어 매체 노출 실태 및 보호 대책'에 의하면 미디어 자극을 강하게 받은 유아들은 다음과 같은 행동 특성을 보인다. 첫째, 발달의 모든 영역들이 전반적으로 지체되어 있고, 사회관계 경험도 부족하고 일방적이어서 정서와 사회성 발달이 원만하게 이루어지지 않는다. 둘째, 자아 중심성이 강하고 공감 능력 결여에서 오는 공격성의 문제를 보인다. 셋째, 유아기에 습득해야 하는 타인 조망 능력을 학습할 수 있는 기회를 놓치게 되면서 다른 사람과 마음을 나누며 타인의 감정에 공감할 수 있는 능력과 자신의 감정을 표현하는 능력이 미숙해진다. 넷째, 신체 활동을 통하여 체험하고 경험을 통하여 학습할 기회가 적어진다. 영유아기의 미디어 사용이 영유아의 사회적·인지적 발달을 저해한다는 것이다.

영유아교사로 활동하면서 보면, 미디어 콘텐츠에 많이 노출된 아이들은 또래답지 않은 행동을 보이거나 웬만한 자극에는 만족하지 못하고 더 강한 자극을 찾는다. 원의 활동에 만족하지 못하는 경우도 태반이다. 유튜브 동영상을 보여주지 않으면 마구 몸부림치고 소리를 지르거나 부모님을 때리기도 하며 떼를 쓰는 모습도 많이 보게 된다.

또 아이들이 자극적인 콘텐츠를 쉽게 접할 수 있게 되면서, 이를 모방하려고 하는 경우가 많아졌다. 유튜브 등을 통해 욕설이나 비속어를 습득하여 친구들이나 선생님에게 사용하여 문제가 되기도 한다. 또 '먹방' 영상을 보고 와서는 이를 따라 하겠다며 체하지는 않을까 걱정될 정도로 음식을 입에 욱여넣는 일도 있다. 아이들이 건강한 언어습관·식습관을 형성하는 데 자극적인 유튜브 영상이 엄청난 장해 요인이 되는 것이다. 또 여자아이들 같은 경우 성차별적 콘텐츠에 노출되어 일찍부터 화장을 하려고 하는 등 외모에 과도한 관심을 갖게 될 우려가 있다. 한국양성평등교육진흥원에 따르면 지난 2018년에 나온 영유아용 미디어 콘텐츠들을 분석한 결과 112개 영상 중 성차별적 내용이 나온 건수가 무려 54건으로,

거의 절반에 가까웠다.*

그러므로 영유아기 아이들이 미디어에 과하게 노출되지 않도록, 또 미디어를 이용한다 하더라도 지나치게 자극적인 콘텐츠를 접하지 않도록 가정과 사회의 노력이 필요하다. 성우나 배우 등 전문가에 비교하면 부족함이 있을 수밖에 없지만, 그래도 아이들에겐 부모의 목소리가 최고다. 가능하다면 최대한 아이에게 스마트폰보다는 부모와 함께 있을 수 있는 기회를 제공하도록 노력해야 할 것이다. 물론 스마트폰이 꼭 필요한 순간, 스마트폰 아니면 안 되는 순간들도 있을 것이다. 그때는 스마트폰을 사용해야 한다. 그러나 이때도 적절한 사용 수준에 대한 기준이 있어야 한다. 여기에는 우리 사회와 부모의 지혜가 필요하다.

---

* 김태훈, 앞의 글.

오늘날 우리 아이들,
바빠도 너무 바쁘다

달려라, 학원 돌려 막기!*

중·고등학교 시절 수업 시간마다 옆자리에 앉은 친구와 떠들거나 다른 과목의 문제집을 푸는 아이들이 있었다. 때로는 꾸벅꾸벅 졸기도 했다. 교탁 앞에 서본 경험이 있는 사람이라면 알겠지만, 그 자리에서 보면 교실의 제일 구석진 자리까지 눈에 훤히 들어온다. 그 말은 즉, 제 딴에는 몰래몰래 한다고 해도 앞에 선 선생님 눈은 속일 수 없다는 뜻(물론 개중에는 대놓고 딴짓을 하는 친구들도 있었지만). 보면서도 못 본 척 애써 시선을 돌리던 선생님이 참다 참다 못해서 도대체 왜 그런 행동을 하는 거니, 물으면 이렇게 답한다. "지금 배우는 내용, 그거 이미 학원에서 다 배운 거예요.""어젯밤에 학원 숙제하느라고 잠을 못 잤어요. 너무 피곤해서 저도 모르게 졸았나 봐요." 너무나도 당당한 태도 앞에서 선생님은 말문이 턱 막히곤 하셨다. 수업 시간은 단순히 지식만 배우는 시간이 아니지 않은가. 우리는 학교 수업을 통해 지식을 전달받는 것 외

---

* 정은빈, 「엄마와 아이들의 방과후 시간 ① 학원 돌리기」, 강북인터넷뉴스, 2015.03.30.

에도 1시간 남짓의 수업 시간을 견딜 수 있는 집중력과 다른 사람의 말에 경청하는 습관을 기른다. 아마 선생님은 그것을 너무나도 쉽게 놓쳐버리는 아이의 단순함에 할 말을 잃으셨을 것이다.

내가 만 6세 반을 담당했을 때 맞벌이하시는 부모님을 따라 오전 7시 30분에 등원하여 일과 후에는 학원에 다니던 아이가 있었다. 3시에 어린이집 정규 수업이 끝나면 영어 학원 선생님이 원으로 아이를 데리러 오셨다. 오십 분 남짓 이루어지는 영어 수업을 마치면 아이는 또다시 근처에 있는 미술 학원으로 이동했다. 아이는 5시까지 미술 수업을 받고 다시 어린이집으로 돌아와 석식을 먹은 뒤 오후 8시가 다 되어서야 집으로 귀가했다.

영유아교사로 일하면서 비단 이 아이뿐만 아니라, 요일마다 다양한 학원을 다니며 일과를 보내는, 성인보다 바쁜 하루하루를 살아가고 있는 아이들의 모습을 쉽게 볼 수 있었다. 학부모 상담 때 한 학부모님과 학원에 대해 이야기 나눈 적이 있었다. 학부모님은 어린 나이에 엄마 없이 학원에 다녀야 하는 게 안쓰럽기도 하지만, 초등학교 가서 뒤처지지 않으려면 지금부터 준비해야 한다고 말했다. 그러면서 자신은 오히려 다른 학부모들에 비하면 그렇게 학원에 많이 보내는 편이 아니고, 아이도 힘들어하는 것 없이 잘 다니고 있는 편이라고 덧붙였다. 아직까지는 엄마와 함께하는 시간이 필요하지 않을까 싶다가도 막상 퇴근하고 들어오면 씻기고 재우고 살림하는 것만으로도 벅찰 때가 많아 이렇게 어중간하게 봐줄 바엔 전문가에게 맡기는 것이 낫겠다는 결정을 하게 된 것이라고 했다.

직장에 다니거나 육아와 살림살이 등으로 아이들과 충분한 시간을 보낼 수 없는 학부모들은 자신의 역할을 대신해줄 수 있는 것들을 찾게 되는데, 만 6세 정도 되면 초등학교 입학을 준비한다며 아이를 학원에 보내기 시작한다. 그렇게 아이들이 학원에서 배워 오는 지식들을 보고 있노라면, 자기가 아이와 함께하는 것보다 전문가에게 아이를 맡겨 가르치게 하는 것이 아이를 위해서도 더 좋은 일이 아닐까, 라는 생각을 하게 된다. 그래서 처음에는 한두 개 정도 다니던 학원이 아이의 나이가 한 살씩 많아질수록 점점 늘어나는 모습도 종종 볼 수 있다. 이제 곧 초등학교에 입학할 테니 미리 선행학습을 해두자는 것인데, 심지어는 미술이나 체육, 음악 같은 예체능 과목까지도 학원에 다니며 배우게 하는 모습을 흔히 발견하게 된다. 이것이 하루 24시간, 일주일이 모자랄 만큼 바쁜 우리 아이들의 현실이다.

이런 모습을 볼 때마다 우리 아이들이 소중한 것을 많이 잃어버리고 있는 것 같다는 생각이 든다. 학원에 다니며 지식을 쌓는 것도 좋지만, 보다 여유 있는 생활을 하며 놀이터에서 친구들과 뛰어놀기도 하고 일찍 자는 것이 아이를 위해 더 좋다는 게 영유아교사로서의 내 입장이다.

맞벌이 부부가 많아지고 있는 것은 역행할 수 없는 흐름이라고 해도, 가정과 아이에 미처 신경 쓰지 못하게 할 정도로 학부모들의 회사 일이 바쁜 것은 사회구조적인 개선이 필요할 것이다. 일과 삶이 양립할 수 있도록 하는 정책이 필요하다.

학부모들에게 근거 없는 불안감을 조성하여 쫓는 이 없는데도 숨 가쁘게 달리도록 하는 사교육 문화도 개선되어야 한다. 또 학부모 자신도 불안감을 버릴 필요가 있다. 어릴 때부터 고생시키지 않아도 결국 배울 수 있는 것은 언젠가 배우게 된다. 오히려 유년기에 대한 행복한 추억을 쌓아가는 것은 이때가 아니면 할 수 없는 일이다. 영유아교사로서 유년 시절의 행복한 기억이 평생을 좌우한다고 봐도 과언이 아니라고 생각한다. 부모가 영어나 음악 등의 교과목에 대한 전문 지식까지 다 알려줄 수는 없을지라도, 아이들은 학원에서 보내는 시간보다 부모와 함께 있는 시간을 더 행복하게 여길 것이다. 그러니 무엇이 진정 행복한 아이를 만들기 위해 필요한 것인지 돌아보고 부모와 사회가 다 함께 노력할 필요가 있겠다.

길을 잃은 특별활동

위에서 말한 것처럼 최근 우리 사회에 맞벌이 가정이 늘어나면서, 아이들은 하루의 반 이상을 교육기관에서 보내게 되는 등 주 양육자인 부모와 많은 시간을 떨어져 보내게 되었다. 자녀들이 많은 시간을 보내는 기관인 만큼 부모들은 원의 교육 활동에 관심을 가지게 되었고, 가정에서 미처 챙기지 못하는 보호와 교육 영역을 원에서 신경 써주기를 바라는 욕구도 높아졌다. 그리고 이러한 관심과 기대에 발맞추어 영유아교육기관들은 '특별활동'이라는 명칭의 새로운 교육 활동을 도입했다.

특별활동은 정규교육 외의 부가적 교육으로, 맞벌이 가정의 양육 부담감을 해소하고 영유아의 전인적 발달을 돕기 위한 활동들로 구성된다. 초기에는 태권도나 발레, 미술 등의 활동들이 주가 되었으나, 최근에는 과학 탐구 활동 등도 추가되고, 발달 과정별 미술 키트들도 생겨나면서 특별활동이 보다 세분화·전문화되고 있음을 느낀다.

이렇게 활동들은 다양화되었으나 아직까지 수준별 교육은

제대로 이루어지지 못하고 있는 것 같다. 대체교사로 만 1세 반을 맡았을 때, 나이가 굉장히 어림에도 불구하고 음률 활동, 원어민 영어, 미술 등 다수의 특별활동을 하는 모습을 보게 되었다. 음률 활동은 리듬에 맞춰 악기를 두드리는 신체 활동이 주가 되기 때문에 아이들이 즐겁게 참여하기에 적합한 프로그램이었다. 하지만 미술 활동의 경우 소근육이 발달하고 있는 시기의 아이들에게 힘을 많이 주어 사용해야 하는 키트들이 오거나, 감각 활동을 하는 것만으로도 충분한 영아들에게 무언가 결과물을 만들어낼 것을 요구하는 활동들이 주를 이루는 것도 보았다. 또 아직 우리말도 서툰 만 1세임에도 영어 활동을 하였다. 외국인 교사를 초빙하여 30분 동안 영어 챈트를 배우고 스티커 붙이기 활동을 하는 것이었다. 일주일에 2회 30분씩 이루어지는 영어 활동 시간에 영아들이 원어민 교사의 말을 이해하고 반응하기보다 교사의 몸짓과 동작 표현에 의지하며 활동하는 것을 보며, 과연 영어 조기교육은 어느 나이대에 이루어지는 것이 가장 적절할까 다시 생각해보게 되었다.

영유아교육기관은 아이들을 미디어의 부정적인 영향권에서 건져내고 더 건전하고 건강한 놀이문화를 만들어주어야 한다. 어린이집의 특별활동은 그 대안의 하나가 될 수 있다. 대부분의 영유아교육기관은 저마다 특색 있는 특별활동을 진행하고 있다. 유행에 따라 특별활동을 결정하는 원이 있고, 고유의 특별활동 프로그램을 기획하고 실행하는 기관도 있다. 외부 업체를 고용하기보다는 교사들이 분야를 정하여 자발적으로 특별활동을 만들어 운영하는 기관을 본 적이 있다. 요가, 도예, 오감 활동 등 교사들이 보육 과정 외에 아이들과 해보고 싶었던 활동들을 연구하고 교구를 제작해서 아이들과 함께 정말 단어 그대로 '특별한 활동'을 진행하는 것이다.

모든 기관에서 이런 식의 특별활동이 많이 이루어지면 좋으련만, 문제는 특별활동 여부가 곧 그 기관의 평가로 이어져 종종 특별활동 자체가 길을 잃고 산으로 가는 경우가 있다는 것이다. 원장님의 자유분방한 교육관으로 특별활동이 매년 바뀌고 쏟아지는 학습지 활동 때문에 교사 주도하에 특별활동 학습지를 끝내기 바쁘다는 이야기였다. 학습지 풀기 벅찬 원의 일상에 아이들에게 미안함을 느낄 정도이다. 아이들은 등원하여 정해진 시간 만큼 놀이를 하고, 선생님의 호령이 떨어지면 하던 놀이를 정리하고 자리에 앉아 활동지를 푼다. 활동지 한 장 한 장이 모여 매월 아이의 학습량이 평가된다. 부모들은 어린이집에서 보내오는 활동지 묶음을 보고 자녀가 어린이집에서 무엇을 얼마나 배웠는지 가늠한다.

영유아기 자녀들을 둔 학부모들과 이야기를 나눈 적이 있다. 한 학부모가 자기 아이는 '하부르타'에 대해 배워 왔다며 아이의 근황을 알렸다. 하부르타는 유대인들의 교육 방법으로 두세 사람이 짝이 되어 끊임없이 질문과 논쟁을 주고받으며 토론하는 방법이다. 다양한 주제를 가지고 아이와 각자의 생각을 나누고 상대방의 의견을 들어보면서 새로운 문제 해결 방법을 찾기도 하고 자신의 의견을 이끌어내기도 하는 방법이다. 그 얘기를 듣고 있던 다른 학부모가 우리 아이가 다니는 어린이집도 하부르타를 한다며 월말마다 학습지를 가져온다고 했다. 학습지로 특별활동 시간에 무엇을, 얼마나 했는지 확인하는 학습지 중심의 특별활동의 일면을 볼 수 있었다.

성인보다 사전 지식이 부족한 아이들은 자신이 직접 느끼고 경험하는 것을 통해 인지하고 학습한다. 그러나 특별활동에서 아무리 아이들에게 경험을 제공하는 것을 중요시한다고 해도, 그 마무리는 언제나 학습지로 끝난다. 자연 생태 활동을 한다고 해도 바닥에 있는 나뭇가지들을 두드리며 악기 놀이를 하고, 떨어져 있는 자연물로 자유롭게 소꿉놀이를 한 뒤에는 언제나 아이들의 손에 스티커를 하나씩 쥐여준다. 그리고 학습지에 그 스티커들을 붙이며 자연물에 대한 통계를 내

보도록 한다. 특별활동을 실행했다는 것을 증명하고 그 가치를 평가하기 위해서는 결과물이 있어야만 하기 때문이다. 우리는 특별활동은 언제나 아이들을 중심으로 진행되어야 한다고 말하고, 결과보다는 과정을 중요히 여겨야 한다고 하지만, 항상 마무리 단계에서는 활동에 대한 결과물을 요구하고 그 결과물로 아이들의 활동 성과를 판단한다. 이것은 더 나아가 활동의 가치와 그 원 자체를 평가하는 기준이 된다.

부정적인 이야기들만 한 것 같지만, 특별활동에 단점만 있는 것은 아니다. 맞벌이 양육자가 제공할 수 없는 다양한 활동들을 접함으로써 아이들은 자신의 잠재력을 발견할 수 있고, 활동을 통해 느끼게 되는 도전심과 성취감은 아이들의 발달에 긍정적인 영향을 줄 수 있다.

다만 우리는 특별활동의 가치는 '조기교육'이 아니라 아이가 어떤 놀이에 흥미를 느끼는지, 어떤 활동을 하면 성취감을 느끼는지를 확인할 수 있는 기회라는 데 있다고 생각하고 유심히 관찰해야 한다. 아이가 어떤 활동에 흥미를 갖게 되면, 외부의 간섭이 없어도 자발적으로 놀이의 주인공이 되고자 한다. 그리고 이때 스스로 방법을 찾으며 겪게 되는 시행착오를 통해 학습하게 된다. 막연히 다양한 활동을 하는 것, 활동의 결과물을 남기는 것에 집중하는 것이 아니라, 아이들의 특성을 고려하여 진정 아이들을 위한 활동을 계획할 때 우리 영유아교육기관의 특별활동은 진정 '특별한 활동'이 될 수 있을 것이다.

우리 아이들의 소중한 시절을 지켜주는 법

어쩌면 오늘날 아이들은 성인인 우리보다 바쁘고 피곤한 삶을 살고 있을지도 모른다. 과거 우리의 추억을 되새기며 "너도 그렇게 자랐으면 좋겠어"라고 말하는 것이 무안할 정도로. 적어도 그때 우리에겐 시간이 넉넉했고, 자유가 있었다. 학교 마치면 운동장에서 친구들과 뛰어놀고, 휴일이면 아침에 눈 뜨자마자 골목길로 나갔다. 그곳에는 항상 기다리는 친구들이 있었다. 그렇게 한참 놀다가 집으로 돌아가 밥을 먹고 다시 놀이터로 뛰어나가도 아무도 뭐라고 하지 않았다. 그런데 지금 우리 아이들은 어떤가. 주어진 환경 속에서 미리 정해진 규칙, 숨 돌릴 틈도 없이 촘촘히 짜인 스케줄에 따라 살아가고 있는 모습을 보노라면 언제나 새장에 갇힌 새가 떠오르곤 한다.

물론 오늘날의 교육 환경은 과거와는 비교할 수도 없을 만큼 좋아졌다. 일찍이 흥미와 적성을 찾고 이를 계발할 수 있는 환경이 만들어진 것이다. 이는 아이들 입장에서 긍정적인 현상일지도 모른다. 그러나 교사로서 보았을 때는 왠지 자꾸만 이다음에 아이가 자라서 이 시절을 돌아볼 때 추억할 수 있는 것들이 적어지는 것 같다는 생각이 들어 속상하다. 아침부터 저녁 늦게까지 어린이집과 학원을 오가며 자란 아이가 자신의 유년기를 돌아보게 된다면 어떤 기분이 들까? 유행에 따라 획획 바뀌는 교육 프로그램들과 기준도, 정체성도 없는 특별활동을 하며 자란 아이는 그 활동들에 대해 어떻게 평가할까? "무언가 이것저것 많이 하기는 했는데, 남은 건 하나도 없는 것 같아요"라고 말하지는 않을까? 이런 생각을 하면 씁쓸해진다.

이런 생각을 하는 것은 물론 나뿐이 아니리라. 많은 이들이 이러한 문제의식에 공감하고 있고, 또 실제로 문제를 절감하고 있는 사람들도 있을 것이다. 그럼에도 불구하고 아이들이 이러한 환경에 놓일 수밖에 없는 것은 말 그대로 그럴 수밖에 없기 때문이다. 맞벌이를 해도 빠듯한 가정 경제, 거듭되는 야근은 내 아이를 내 손으로 돌보는 것조차 힘들게 한다. 이렇게 좀처럼 일과 가정의 양립이 이루어지지 않는 것은 마냥 부모의 책임이라고만 말할 수는 없는 것인데도 실제 책임은 오로지 부모의 몫이다.

이런 사회적 불합리에서 오는 부작용들이 이미 저출산이라는 가시적인 사회현상으로 나타나고 있다. 일과 가정의 양립은 한 개인과 가정만의 문제가 아니다. 그렇기에 사회적 차원의 해결책이 나와야 할 때다. 영유아기 시절은 한번 지나가면 다시 돌아오지 않는다. 우리 아이들이 자신의 유년기를 우리들이 그랬던 것과 같이 행복한 추억들로 가득 채워가기를 원한다면, 아이들의 소중한 시간들을 지켜주기 위해 어른들은 어떤 역할을 해야 할지 다시 한 번 생각해봐야 하는 시점이다.

참고문헌

김태훈, 「유튜브 육아, 영상 중독 부른다」, 주간경향, 2019.08.12.

정은빈, 「엄마와 아이들의 방과후 시간 ① 학원 돌리기」, 강북인터넷뉴스,
2015.03.30.

그럼에도 불구하고
오늘도 보육교사로
살아갑니다
_방현

함께 이야기해봐요,
왜 영유아교사로 살아가는지

최근 '유치원' 혹은 '어린이집'으로 검색해보면 다양한 기사들이 나온다. 그중 대부분은 이들 영유아교육기관의 부정적인 측면을 조명하며 분노를 일으키는 기사들이다. 오늘날 영유아교사들은 업무 현장에서는 CCTV로 감시당하고, 상사들에 대해서는 불신감을 가지고 있으며, 자신들에게 우호적이지 않은 사회 분위기에 주눅이 들어 아이들을 사랑하면서도 그 마음을 제대로 표현하지 못하는 삼중고에 갇혀 있다. 영유아교사들이 너무나도 극한의 상황에 처해 있는 것이 분명함에도, 그 누구도 이들이 어떤 생각을 하고 있는지, 어떻게 하루하루를 보내고 있는지에 대해 관심을 가지지 않는다.

이러한 사회적 무관심은 특히 보육교사를 대할 때 더 두드러지게 나타난다. 보육교사는 유치원교사보다 못하다는 인식까지 더해지면서 이미 사회적 불신으로 둘러싸여 있는 보육교사라는 직업. 하지만 많은 보육교사들이 무시당하고 부당한 대우를 받으면서도 아이들과 함께하는 이 일을 계속해나가고 있다.

이런 말을 들으면 자연스럽게 "그렇게 열악하면 안 하면 되지 않나"라고 생각하게 되는데, 무엇이 이들로 하여금 보육교사라는 직업을 유지하게 하는 것일까. 보육교사는 도대체 어떻게 CCTV로 인한 스트레스, 부당한 대우에 대한 억울함, 교사라는 직업 자체에 대한 회의감을 버텨내는 것일지 함께 이야기 나눌 필요가 있을 것이라고 생각했다. 그래서 나 자신의 경험을 되짚어보기도 하고, 보육교사 직에 몸담고 있는, 혹은 몸담았던 주변 사람들의 이야기를 듣기도 했다.

이 글은 그것을 바탕으로 쓰인, 오늘도 많은 이들이 계속 보육교사로 살아가고 있는 이유에 대한 기록이다. 표본이 되기에는 너무나 적은 사례이겠지만, 보육교사라면 누구나 어느 정도는 공감할 수 있는 이야기들일 것이라고 생각한다. 하고 많은 직업 중에 보육교사를 선택한 이유, 온통 가시밭길임에도 이 일을 계속해나가는 이유는 아이들을 사랑하는 보육교사라면 상통할 것이라 믿으므로.

영유아교사의 탄생

내가 영유아교사로 살기로 마음먹은 것은

먼저 내가 영유아교사라는 직업을 선택한 이유에 대해 이야기하고자 한다. 사실 나는 본래 경영학도를 꿈꾸었다. 하지만 막상 대학교 원서를 작성하던 순간에는 무슨 바람이 들었는지 19년간 생각해왔던 경영학과가 아니라 유아교육과에 지원했다. 이때까지만 해도 나에게 영유아교사란 단순히 '아이들을 좋아하기만 하면 되는 직업'이었던 것 같다.

어쨌든 그렇게 유아교육학도로서의 삶, 그리고 장차 보육교사로서의 삶을 향한 첫걸음이 시작되었다. 학과 생활이 어느 정도 익숙해지자 동기들과 선배들은 나에게 왜 이 과를 선택하였는지 물었고, 나는 '아이들이 좋아서'라고 대답했다. 동기들과 선배들 중에도 나처럼 아이들이 좋아서 유아교육과에 들어온 사람들이 대다수였으며, 보육교사에 대해 일종의 장기적인 사명감을 가지고 온 사람들 또한 많았다.

이경숙은 보육교사라는 직업을 선택하는 동기에서 영유아에 대한 애정과 교육 분야에 헌신하고자 하는 마음이 약

90%를 차지한다고 밝혔다.* 즉 단순히 '할 만한 것 같아서' '별생각 없이' 등 다른 이유로 들어온 사람의 비율은 10% 정도밖에 되지 않는다는 것인데, 직업 선택 동기는 이렇게나 능동적인 데 반해 왜 직업에 대한 만족도는 바닥을 치는지 사회적 차원에서 고민해볼 필요가 있을 것이다.

왜 항상 이론과 실제는 다른 것일까?

유아교육학과 학생들은 학부 생활 4년간 다양한 교육을 연수한다. 유아교육개론, 영유아발달, 아동학개론(물론 이 세 가지는 유아교육학과 학생들이 배우게 될 악마의 교재들 중 일부일 뿐이다) 등등……. 학생들은 전공 서적들의 무지막지한 두께를 보며 경악을 금치 못하는 가운데 영유아교사가 가져야 하는 전문적인 지식들의 깊이가 얼마나 깊은지 실감하게 된다.

학부 시절은 이렇게 다양한 학문들을 배우면서 정말 자신의 적성에 맞는 전공 선택이었는지 고민하는 동시에, 반복되는 배움의 과정 속에서 이론적인 지식을 쌓아나갈 수 있는 시간이다. 이 내용들을 어떻게 유기적으로 연결하고, 이해하고 활용하느냐에 따라 추후 영유아교사로서의 직무 만족도

---

* 이경숙, 「보육교사의 인권 감수성과 직무 만족도와 교직 선택 동기에 관한 연구」, 중앙대학교 석사 논문, 2019.

에도 커다란 영향을 미치게 된다. 그러나 막상 현장에 나가 학부 생활에서 쌓은 다양한 기초 지식들과 업무를 연결하고 활용하기는 쉽지 않다.

물론 학부에서 배우는 내용은 영유아들의 발달을 이해하기 위해 꼭 필요한 지식이다. 이를 제대로 이해하지 못하는 교사는 현장에서 도태되어버리기 쉽다. 다만 우리나라에서는 아직 유아교육학이라는 학문이 제대로 조명되지 않고 있는 것이 사실이다. 유아교육의 역사는 다른 교육학 분과와 비등하지만, 그런 것에 비해 아직 다양한 영유아의 성향에 대한 연구가 부족한 편이다. 이에 학생들은 물론이고, 현직에 있는 교사들도 영유아에 관한 정보를 얻기가 쉽지 않은데, 그렇기 때문에 학부 때 배운 지식을 최대한 활용하여 아이들을 개별적으로 이해하는 것이 최선일 것이다. 다만 영유아마다 개별적인 성향을 지니고 있어 이론을 실제에 도입하기까지의 과정이 쉽지 않기 때문에, 이를 이해하기 위해서는 전문적인 자세가 필요하다는 것을 이야기하는 바이다. 물론 이러한 문제를 해결하기 위한 가장 단순한 방법은 교사가 아이들 개개인의 성향을 보다 깊이 있게 이해할 수 있도록 교사 한 명 대 영유아 명수의 비율을 조정하는 것이 있겠으나, 현재로서는 시행되기 힘든 상황이다.

실습이라는 갈림길: 계속 이 길을 갈 것인가, 그만둘 것인가

학부에서의 수업을 통해 어느 정도 이론적 지식이 쌓였다고 간주하는 고학년이 되면, 드디어 아이들과 직접 만날 수 있는 기회가 생긴다. 유치원 교육 실습과 어린이집 보육 실습이 바로 그것이다. 그리고 바로 이 실습 과정을 겪으며 예비 교사들의 직업 선호도가 많이 변동된다. 영유아들을 직접 겪어보고 함께 생활해보며, 그간 머릿속으로만 상상해왔던 교사로서의 역할을 실제로 경험할 수 있는 시간이기 때문이다. 개중에는 아예 진로를 처음부터 다시 고민하게 되는 경우도 있다. 현장에서 확인한 모습들이 자신이 생각한 아이들의 상과 교사의 역할과는 너무나 큰 괴리가 있다는 것을 알았기 때문이리라. 물론 어떤 기관에서 실습을 하느냐에 따라 그 경험과 교사의 역할 또한 상이해지겠지만, 그럼에도 유아교육학과 학생이 학부 4년 중 가장 영유아와 가까이 있을 수 있는 시간은 이때라는 것에는 반론이 없을 것이다.

사실 나도 실습 기간이 시작되기 전까지는 계속 영유아교사의 길을 가야 할지 고민하고 있었다. 똑같은 내용만 반복하는 듯한 학과 수업에 권태로움을 느꼈던 것이다. 실습이 시작되기까지 3년이라는 시간은 학부 수업에 지루함을 느끼게 되기에 충분했다. 하지만 실습 기간 4주(현재는 6주로 늘어났다

고 들었다), 길다면 길고 짧다면 짧은 이 기간 동안에 내 생각
은 완전히 바뀌었다.

물론 학부생 실습은 본격적인 교사 활동을 하는 것이 아니
라 교사로서의 생활을 체험하고 어깨너머로 실무 능력을 배
우기 위한 것이지만, 나에게 이 기간은 교사로서의 보람을 느
끼기에 충분한 시간이었다. 아이들과 함께하는 시간은 행복
했으며, 그 속에서 교사의 언어 습관과 태도 등이 아이들에게
어떤 영향을 미치는지 직접 확인할 수 있었다. 더불어 교사가
얼마나 다재다능해야 하는 사람인지도 뼈저리게 느꼈다.

실습을 마칠 때쯤에는 실습 교사로서의 시간이 턱없이 모
자라다는 생각을 했다. 실습 기간은 마치 눈치 게임과도 같
다. 교사로서의 역할이 무엇인지 얼마나 빨리 알아채느냐, 아
이들과의 갈등 상황에서는 어떻게 대처해야 하는지, 실습 교
사에게 유독 많은 애착을 보이는 유아에게는 어떻게 반응해
야 하는지 등을 빨리 알아채는 것이 관건이다.

이 당시 내 모습을 직접 본 것은 아니지만, 분명 잔뜩 긴장
해 있었으리라. 물론 언제 어디서나 지도 교사는 차분하다.
차근차근 알려주시는 상황별 대처 방법과 상호작용 방법이
슬슬 머릿속에 새겨지려 할 때 즈음 실습 교사로서의 한 달
이 정신없이 마무리되었다. 이별이라는 개념을 아이들에게 제

대로 설명해주지도 못한 채로 실습 마지막 날이 되었고, 아이들과 작별 인사를 하게 되었다. 그리고 아이들로부터 '안아주기' 선물을 받는 순간, 영유아교사가 아니라면 느끼지 못할 감정을 아주 조금은 이해할 수 있을 것 같다는 생각을 했다.

많은 예비·현직 영유아교사들이 실습 기간이 짧다고 이야기하는 것은 그만큼 교사의 역할이 다양하다는 의미일 것이다. 아이들과 함께 하루 일과를 진행하다 보면 변동과 돌발 상황이 발생할 가능성이 높으며, 숙련된 교사라 해도 여기에 제대로 대처하는 것은 쉽지 않다. 하물며 실습 교사는 어떻겠는가.

하지만 그럼에도 이 4주에서 6주라는 시간은 추후 영유아교사로서의 업무 수행에 커다란 영향을 미친다. 영유아교사는 직무 특성상 일단 교사가 된 이후에는 다른 사람이 일하는 모습을 볼 수 있는 기회가 굉장히 적다(혼자서 여러 아이들을 돌봐야 하기 때문에 다른 교사들의 업무를 지켜보기는커녕 눈코 뜰 새도 없다). 그렇기 때문에 아무리 시간이 부족하네, 정신이 없네 해도 다른 교사들의 수업 기술을 제대로 보고 배울 수 있는 기회가 가장 많은 기간은 실습 기간이다. 이 기회들을 얼마나 활용할 수 있느냐는 실습 교사의 마음가짐에 달려 있겠지만, 실습 교사를 친절히 도와줄 수 있도록 지도 교사에게도 여유가 필요하겠다는 생각을 했다.

유병예에 따르면, 실습 제도는 영유아교사의 전문성을 신장하기 위한 제도이며, 예비 영유아교사에게 영유아교사의 업무를 이해하고 경험할 수 있는 기회를 안내하는 것을 그 목표로 한다. 다만 실제에서는 실습 교사와 지도 교사 모두 실습을 큰 시련과 같이 여기고 있는 것이 문제다.

실습 교사는 유아와 교사의 중간자라는 입장에서 전문 지식과 기술 부족으로 인한 어려움을 느낀다고 했고, 지도 교사의 피드백이 명확하지 않다는 것에 대해서도 불만이 있었다. 반면 지도 교사는 자신이 예비 영유아교사의 롤 모델이 된다는 것만으로도 부담스러운데, 실습 체계에 대한 지원이 턱없이 부족하다는 점에서 애로사항이 있음을 호소했다. 본래 업무만으로도 정신없이 바쁜데, 어떻게 실습 교사까지 챙긴단 말인가. 여기에 실습 교사들이 우왕좌왕하거나 실수라도 한다 치면 이들을 곱게 보기가 힘들 것이다.

이러한 문제들은 실습 제도에 대한 지원을 강화함으로써 개선할 수 있을 것으로 예상되며, 구체적인 방법으로는 지도 교사의 전문성을 확립할 수 있도록 승급교육의 질을 향상하는 것, 실습 교사들의 사전·사후 교육을 의무화하는 것, 업무 과부하를 해소하기 위한 업무 대체 형태를 마련하는 것 등이 있을 것이다. 이를 기초로 실습 체계를 개선해나간다면 보다 질 높고, 유의미한 보육 실습 현장이 될 것이라 생각한다. 따라서 보육 업계는 실습 지도가 유의미하고 올바르게 이어질 수 있도록 함께 고민해야 한다.*

---

* 유병예, 「예비보육교사와 실습지도교사의 실습 경험에 관한 비교 연구」, 인하대학교 학위논문, 2013.

보육교사로서 살아간다는 것

보육교사를 슬프게 하는 것들

실습까지 마치면 교육부에서는 유아교육과 학생들에게 유치원교사 자격증을 발급해준다. 그때부터 본격적인 진로 고민이 시작된다. 학부생들이 선택할 수 있는 길은 크게 네 가지다.

1. 어린이집 또는 유치원 취업
2. 임용고시 응시
3. 대학원 진학
4. 진로를 변경하여 타 직업 선택

나는 여러 가지 선택지 중 어린이집 취업을 선택함으로써 보육교사의 삶을 시작했다. 앞에서 언급하였던 것과 같이 어린이집에서의 실습 경험을 통해 아이들의 매력에 푹 빠지게 되었으며, 지도 교사들의 가르침과 피드백을 통해 많은 교훈을 얻었기 때문이다.

아이를 좋아하는 마음만 있으면 충분할 것 같았던 보육교사의 삶은 첫걸음부터 다양한 난관에 부딪혔다. 맡은 아이들과의 관계뿐만 아니라, 학부모님들과의 관계, 동료 교사들과 원장님과의 관계에 이르기까지 다양한 관계에 신경 써야 했기에, 마치 살얼음판을 걷는 듯한 하루하루가 이어졌다. 마주하는 매 순간마다 갖가지 어려움들이 펼쳐져 있었지만 이를 해결할 수 있는 방법에 대한 가이드는 존재하지 않았다.

마치 여권만 갖고 첫 해외여행을 떠나는 것처럼 자격증만 갖고 시작한 보육교사로서의 삶은 끝도 없이 막막했고, 고단하고 또 고단했다. 실습 때에는 보지 못했던 아이들의 본모습(성악설을 믿는 것은 아니지만, 기관 생활을 오래 한 아이들은 나보다 경력직이었다는 말만 남겨두겠다)이 드러나 나를 당황하게 했고, 그것과 동시에 숨겨져 있던 보육교사의 업무들이 등장하기 시작했다.

기관에서 교사로 지내보면 아이들이 하루에도 얼마나 많은 갈등을 빚으며(이 갈등에는 언어적 갈등은 물론 신체적인 갈등도 포함된다) 살아가고 있는지 체험할 수 있다. 그 갈등을 해결하기 위해 쩔쩔매는 것은 교사의 몫이다. 그렇게 어렵사리 아이들과의 일과를 무사히 끝내고 나면 그때부터 '본격적인' 업무가 시작된다. 일일보육일지, 주간보육계획안부터 시작해서 안전교육계획안, 소방안전일지, 관찰일지, 운영일지, 안전점검표 등, 이 많은 게 실습 기간에는 어쩜 그렇게 꼭꼭 숨어 있었나 싶을 정도로 작성해야 하는 서류들은 끝이 없었고,

활력 넘치는 아이들과 함께하느라 잔뜩 지쳐버린 상태로 저녁 늦게까지 행정 업무를 하면서 보육교사는 내가 생각했던 것 이상으로 힘들고 어려운 일이었음을 뼈저리게 느낄 수 있었다.

무엇보다 힘든 것은 보육교사에 대한 사회의 부정적인 인식이었다. 은연중에 형성되어 있는 학부모들과의 갑을 관계와 (물론 당연히 보육교사가 을이다) 이에 대해 크게 문제 제기하지 않고 관심도 가지지 않는 사회 분위기 때문에 힘 빠질 때가 많았다.

보육교사에 대한 인식이 부정적인 원인은 용어 차이에도 있는 것으로 추정된다. 일반적으로 학생을 교육하는 자를 말하는 '교원'이라는 단어에 보육교사는 포함되지 않으며, 영유아교사조차 유치원교사와 보육교사 두 가지로 나누어진다는 점 또한 보육교사를 상대적으로 낮은 지위에 있는 것으로 생각하게 되는 데에 영향을 미치는 것으로 보인다. 또한 유치원은 취학 전 유아가 다니는 유아교육기관으로, 어린이집은 보육원, 놀이방 등으로 일반화하여 생각하는 경향도 보육교사에 대한 부정적 인식이 고착화되는 데 한몫했다고 생각한다.

그러나 가장 큰 원인은 따로 있다. 앞의 글들을 통해 여러 차례 언급했던 것과 같이, 사회적으로 큰 파장을 일으켰던 최근 몇 년 간의 아동학대 사건들이 교사를 향한 사회적 시선을 잔뜩 얼어붙게 만든 것이다. '육아의 신'이라 불리는 오은영 박사님은 당시 모 예능 프로그램에 나와서 이렇게 말씀하신 바 있다. "저는 최근의 아동학대 사건을 보고 울었어요. 너무 충격받았고 가슴이 먹먹했어요. 그런데 지금 다른 교사 선생님들도 못지않게 힘드실 거라고 생각해요. 기죽지 마시기 바랍니다. 누가 뭐래도 선생님들은 대단한 일을 하고 계시는 거고 훌륭한 분들이세요." 아동학대 가해 교사들도 있지만 선량하고 아이들을 진심으로 사랑하는 교사들이 훨씬 많다는 것, 일부 가해 교사들로 인해 나머지 교사들까지 잠재적 가해자로 몰려 고통받고 있다는 것을 헤아려주시는 듯한 말씀에 위로받은 느낌이었다. 우리 사회에 오직 아이들을 위한다는 일념으로 오늘도 현장에서 발 벗고 뛰고 있는 교사들과 일부 몰지각한 아동학대 가해 교사들을 분리하여 생각하는 인식이 자리 잡을 수 있었으면 좋겠다. 선량한 보육교사들이 자신의 직업에 긍지를 가지고 일할 수 있도록 사회적 분위기가 개선되었으면 좋겠다.

그리고 보육교사들도 마냥 제도적인 문제가 해결되고 사회적 인식이 개선되기만을 기다리는 것이 아니라 스스로 노력할 수 있었으면 좋겠다. 교사의 수준이 교직의 수준을 결정짓는다는 말도 있지 않은가. 보육교사 스스로 전문가라는 자각을 가지고 전문성을 증진해간다면, 우리 사회가 규정하고 있는 보육교사의 한계를 넘어설 수 있을 것이다.

선생님! 오늘은 우리랑 같이 놀면 안 돼요?

초임 교사의 업무는 쉴 틈 없이 돌아간다. 아니, 사실 경력직이 된 이후에도 그렇지만. 경력이 쌓여도 여전히 어린이집에 대해서는 나보다 한참 더 베테랑인 아이들과 한바탕 기 싸움을 벌이다 보면 하루가 다 간다. 그렇게 아이들과 아쉬운 인사를 하고(매일이 기 싸움의 연속이었지만 우리 아이들은 그 누구보다 예뻤다, 그것만은 장담할 수 있다) 교사실로 이동하여 행정 업무와 개별 업무를 처리한다. 앞에서도 얘기했지만, 교사 생활을 하면서 가장 받아들이기 어려웠던 점 중 하나가 바로 이 '퇴근 후 업무 시작'이었다. 몸과 마음이 모두 녹초가 되기에 부족함이 없다. 하지만 그럼에도 불구하고 보육은 계속되기 때문에, 교사들은 아이들에게 애써 힘든 티 내지 않고 구김살 없는 웃음만 보이려 노력하며 다음 날 다시 새로운 하루를 시작한다.

아이들과 함께하는 것이 더없이 행복했던 2년 차 때의 일이다. 하지만 이 행복이 무색할 만큼 행정 업무의 위력은 너무나 강력했다. 특히 그 당시는 업무 강도가 극악이라 모든 교사들이 거의 하루에 14시간 가까이 근무해야만 했던 시기였다. 체력적 한계를 느끼며 교실에서 키보드를 천천히 두드리고 있을 때, 우리 반에서 내가 가장 사랑하던 아이가 다가와 조심스럽게 물었다.

"선생님, 오늘 우리랑 놀 수 있어요?"

그 말을 듣는데 눈물이 났다. 내가 보육교사가 된 이유는 밀린 행정 업무를 처리하기 위해서가 아니라 아이들을 행복하게 하고 바른길로 이끌어주고 싶은 마음 때문이었다. 아이는 이렇게 쭈뼛대며 어렵게 선생님에게 다가와 오늘 같이 놀 수 있냐고 조심스럽게 물어볼 필요가 없었다. 선생님은 다른 게 아니라 아이들과 함께하기 위해 존재하는 것이므로. 단 하루도 아이들과 마음 편히 놀아주지 못하는 내가 그 순간 그렇게 미울 수가 없었다.

아무리 역량이 뛰어나다 해도 아이들과 상호작용하지 않는다면 그는 좋은 교사라 할 수 없다. 교사의 제일 소임은 아이들을 관찰하고 적합한 상호작용을 통해 발달을 도모하는 것이다. 나를 포함하여 모든 교사들이 항상 노력해야 하는 부분이 바로 이것이다. 나는 질문한 아이에게 진심으로 사과하며 내일부터는 우리 같이 신나게 놀자고 약속했다.

교사의 주 업무는 서류를 처리하는 것이 아니라 유아들과 보내는 일상과 수업들을 계획하고 준비하는 것이다. 그러나 끊임없이 밀려오는 서류 업무가 교사의 심신을 병들게 하고 교사와 아이들을 멀어지게 하고 있다.

길을 잃은 보육꾼

이 대목에서는 영유아교사들의 이직 사유에 대해 이야기해 보고자 한다. 영유아교사들의 이직률은 상당히 높은 편인데, 그 이유는 다양하다. 얼마 전 인터넷을 돌아다니다가 영유아 교사들이 퇴사하는 이유에 대해 이야기하는 글을 본 적이 있다. 개인적인 사정, 새로운 기관으로의 이동, 진학, 결혼 등 여러 가지 이유가 있었지만(물론 이유 없이 퇴사하는 경우도 있다), 그중에서 가장 내 눈길과 마음을 사로잡은 사유는 '기관에 더 이상 롤 모델이 없어서'였다.

'그게 무슨 큰 대수라고' '그까짓 게 퇴사까지 할 만한 이유가 되나?'라고 말할 수도 있겠으나, 나에게는 이 말에 전적으로 동의할 수밖에 없게 하는 경험이 있다. 어느 날 갑작스럽게 나의 롤 모델 역할을 수행하고 있던 선임교사 2명의 퇴사가 결정된 것이다. 낙관주의의 극한을 달리는 성격인지라 그래도 어떻게든 다음 해에 만나게 될 아이들과 즐겁게 지내보 겠다며 또다시 일 년간 근무하기로 결정했지만, 사실 내면은 크게 동요하고 있었다. 선임교사의 뒤에 숨어 아이들과 놀기 만 하던 내가 과연 한 학급을 잘 이끌 수 있을 것인가. 심지 어 나와 함께하게 될 동료 선생님은 이번에 새로 기관에 들어 오는 선생님이라고 한다. 나의 교육관과 교수법을 낱낱이 보 게 될 텐데 어떻게 생각할까? 그건 나의 일거수일투족을 감 시당하는 듯한 느낌일 것이다!

반에서 아이들과 지내는 것에 대해서는 그리 큰 스트레스 를 받지 않으나 동료 교사와의 관계에서는 힘들어하는 교사 들이 많다. 그 원인은 인간관계 측면에서의 문제일 때도 있겠 지만, 자신의 교육관과 동료 교사의 교육관이 크게 어긋남에 서 오는 스트레스가 대부분일 것이다. 다행히도 그해에 우리 옆 반에 배치받은 헤드 선생님은 나를 바르게 이끌어주셨고, 그 1년은 나에게 값지면서도 의미 있는, 가장 빛나는 1년이 되었다.

어린이집이나 유치원은 서류 양식부터 시작해서 아이들의 등원 방법, 놀이 형태 등까지 기관마다 상이한 것이 많다. 또 높은 노동 강도를 자랑하는 데다가 각기 다른 교육관들이 난무하는, 자칫 매우 힘들고 혼란스러울 수 있는 환경이다. 그 속에서 기준을 잡아주고 확신을 주는 롤 모델의 역할은 매우 중요하다.

나는 내가 롤 모델로 여겼던 선임교사들과 아직까지도 연락하고 서로의 안부를 물으며 보육교사의 길을 어떻게 가야할지 이야기 나눌 수 있는 행운을 얻었다. 물론 선임교사 또한 슈퍼 히어로가 아닌, 나와 다를 것 없는 평범한 사람이지만, 나보다 앞서가며 이런저런 시행착오를 겪고 후배들에게 조언을 아끼지 않는 사람들은 존재 그 자체만으로도 큰 힘과 용기가 된다.

그리고 나 또한 어느덧 조금 앞서가는 입장이 되면 뒤에 오는 사람들을 위해 길잡이 역할을 한다. 이러한 선순환이 이루어질 수 있었던 것은 그분들이 누군가의 롤 모델이 되기 위해 노력했고, 나 또한 그들처럼 되기 위해 교사로서 좋은 습관을 만들고 나의 부족한 부분을 개선해나가는 과정을 겪어왔기 때문이다. 영유아교사들은 그렇게 서로 의지하며 어렵고 헷갈리는 교사 생활을 이겨낸다.

한 번뿐인 인생을 보육교사로서 살아가기로 선택한 이유 중 하나는 내가 닮고 싶었던 롤 모델들이 있었고, 나 또한 다른 선생님들에게는 롤 모델이 될 수도 있겠다는 기대감 때문이었다. 선임교사의 역할은 후임 교사들이 직업에 대해 바르게 인지하고 그 길을 닦을 수 있도록 하는 데에 있으며, 선임 교사는 항상 자신의 지식을 발전시킬 의무가 있음을 기억하고 정진해야 한다. 자기계발을 중요하게 여기는 사람들에게는 이 또한 중요한 직업 선택의 근거일 것이다.

보육교사의 행복은 결국 아이들에게서 온다

아이들과 함께 웃음을 나누기 위하여

아이들과 보내는 일상에서는 크고 작은 행복을 주는 즐거운 일들이 많이 일어나는데, 나는 이것이 보육교사를 지탱해주는 기둥 역할을 한다고 생각한다. 아이들이 주는 행복은 보육교사란 이렇게 고단한 일이라고 푸념하면서도 계속 그 길을 가게 하는 마력을 가지고 있다.

갓 대학을 졸업하고 기관에 들어온 지 겨우 한 달쯤 되었던 시절의 일이다. 제대로 된 업무는커녕 아이들과 지내는 시간에서 나의 역할은 무엇인지도 파악하지 못했던 시기였고, 매일의 좌절은 초임 교사의 열정과 각오를 한풀 꺾어놓기에 충분한 것이었다.

그날도 이런 암울함을 느끼며 이제 곧 하원 시간인데, 너희 머리가 엉망으로 헝클어져 있으면 부모님들이 못 알아보실 수도 있으니 그만 놀고 이제 좀 쉬는 것은 어떠냐고 아이들을 설득하고 있던 참이었다. 그러자 한 아이가 번쩍 손을 들었다. 어떤 이야기를 하는지 들어보기로 하고 아이의 이름을 부르자 해맑은 표정으로 이렇게 말하는 것이 아닌가.

"선생님, 그런데 나는 머리가 엄~청 커다래서 머리가 헝클어져도 금방 알아볼걸요?"

그 말을 듣고 참 오랜만에 아무 생각 없이 마음 편하게 웃었던 기억이 난다. 한 달 동안 아이들과 지내면서 '무엇을 어떻게 해야 하는가'만 고민했던 나의 모습이 떠올랐다. 그리고 깨달았다. 이 웃음, 아이들과 같이 있는 시간 동안 함께 더 많이 기뻐하고 이 웃음을 나누기 위해 노력해야 한다는 것을.

첫 번째 졸업식, 언제나 이별은 슬프지만 그래도

이렇게 초임 시절의 즐거운 시간들이 지나가고 어느덧 졸업식이 다가오고 있었다. 사실 선임교사들이 앞에서 다 이끌고 나는 그저 도우며 따라가는 것이었지만, 아이들과 준비하기로 한 율동도 잘 완성되어가고 있었다.

드디어 대망의 졸업식 날. 학부모님들께 아이들과 함께 준비한 무대를 선보인 후, 졸업장을 수여하는 순간이 찾아왔다. 지금까지 마냥 멀게만 느껴지던 아이들과의 이별이 새삼 현실로 다가오던 순간이었다.

"김대민."

가장 소중한 이름 세 글자를 담은 음성과 원장님 손에서 아이의 손으로 건네지는 졸업장. 그때 느꼈던 슬픔은 언제까지고 잊을 수 없을 것이다. 정작 아무렇지도 않게 이별을 받아들이는 아이들도 몇몇 있었지만, 나는 아이들 이름 한 글자 한 글자가 가슴에 크게 새겨지는 듯한 기분이었다. 그래서 교사가 된 후 처음 맞이한 졸업식은 아직도 그 장면 하나하나가 다 생생하게 기억에 남아 있다. 너무나 사랑스러웠던 아이들과 이별하는 것은 슬프지만, 그 아이들의 장래를 축복하며 배웅할 수 있다는 점에서 이 직업의 특별함을 다시 한번 되새겼던 하루이다.

너희들과 함께여서 행운이었어

사실 초임 시절 가장 많이 들었던 이야기는 "첫해에 이 아이들을 맡게 된 건 선생님의 운이 좋은 거다"였던 것 같다. 이 말의 의미를 실감하게 되는 데에는 그리 오랜 시간이 걸리지 않았는데, 때는 정리 시간이었다. 보통 만 5세 반의 정리 시간은 무난하게 이루어진다. 아이들 또한 어린이집에서의 경력이 짧게는 1년에서 길면 거의 5년 가까이 되는데, 그 시간 동안 하루에 2~4번씩 정리를 해왔다고 생각하면 이미 답은 나오는 것이다. 그래서 만 5세 반의 정리 시간에서 교사의 역할은 피아노 반주로 아이들이 이 시간을 지루하게 느끼지 않도록 도와주고, 시간을 알려주는 것 정도다.

어느 정리 시간. 한 아이가 나에게 다가오더니 이렇게 말했다. "선생님 교실 밖에 나가 계세요." 세상에, 너무나 서운한 말이었다. 초임인데 벌써부터 아이들에게 인정받지 못하고 무시당하는 건가, 부터 시작해서 별별 생각이 다 들었다. 수치심과 교육자의 역할 사이에서 고민하다가 아이에게 애써 상냥하게 물었다. "어떤 일 때문에 그래? 선생님은 너희들과 같이 있어야 해서 나갈 수 없는데……." 그러자 아이는 활짝 웃으며 이렇게 대답했다. "선생님이 나가 계시는 동안 깨끗하게 정리를 해서 선생님을 깜~짝! 놀래켜드리려고 그러니까 나가주세요!" 그때 나는 깨달았다. 이 아이들과의 1년은 평생 기억에 남을 해가 될 것이라고.

어떠한 경험이든 처음이 가장 중요한 법이다. 이건 운이 결정하는 부분도 있어 어쩔 수 없는 문제이기도 하지만, 나는 이러한 경험 덕분에 아직까지도 보육교사로 일하고 있으며 여전히 아이들과 행복한 하루하루를 보내고 있음을 적어놓으려 한다.

보육교사에게도 아픈 손가락이 있다

너무나도 사랑스러운 아이들과 행복하게 장식했던 행운의 초임 교사 시절, 좋은 헤드 선생님을 만나 값지고 빛나는 시간으로 만들어갈 수 있었던 두 번째 해에 이어 이번에는 개인적으로 가장 아픈 손가락을 만나 많은 깨달음을 얻었던 3년 차 때의 이야기를 해보려 한다.

지난 2년간의 교사 생활이 너무나도 행복하고 만족스러웠기에 3년째 되는 해의 재직도 당연한 것이었다. 비록 여전히 행정 업무에는 익숙해지지 못했지만, 아이들과의 행복한 시간은 항상 큰 힘이 되었기에 근로계약서에 서명을 하고 새로운 한 해를 맞이했다.

하지만 이러한 낙관은 채 두 달을 넘기지 못했다. 당시 우리 반에는 성은이(가명)라는 아이가 있었다. 성은이는 이전 해부터 감정을 조절하는 것을 어려워하여 교사나 다른 친구들과 갈등을 빚는 일이 빈번했지만, 그때는 우리 반이 아니었기에 크게 신경 쓰지 않았었다. 하지만 성은이가 우리 반이 된 후 처음 분노를 표현한 날, 나는 도저히 반을 운영할 수 없는 지경에 이르렀다. 자신이 생각한 것과 다르면 물건을 던지고, 주변에 있는 친구들에게 마구 주먹을 휘두르는 아이를 두고 어찌 활동을 계속할 수 있을까. 성은이뿐만이 아니었다. 그해 우리 반 아이들은 전체적으로 아직 사회성이 바로잡히지 않은 모습을 하고 있었다.

나는 결의를 다졌다. 아이들에게 좋은 선생님으로 남을 수 없게 된다 해도 최선을 다해 이 아이들의 사회성을 길러주겠다고. 목표가 정해졌으니 실행은 어려운 일이 아니었다. 다만 열다섯 명이나 되는 아이들의 사회성을 별도로 측정하여 훈육을 진행하는 과정에서는 어려움이 있었다. 반복되는 갈등과 이를 해결하기 위한 노력들. 최선을 다했지만 나와 동료 교사는 3개월 만에 지쳐버리고 말았다. 두 명의 교사로도 부족한 이 학급을 보며 나 자신의 무력함과 아이들을 도울 수 없다는 데 대한 아쉬움이 소용돌이처럼 내 가슴을 파고들었다.

그렇게 폭풍 같은 일 년이 지나가고 난 후, 고맙게도 우리를 기억하고 어린이집에 찾아와주시는 학부모님이 있었다. 어린이집 건물이 보이면 항상 우리 선생님 만나러 가야 한다는 아이의 성화에 한 번씩 들르게 된다는 학부모님의 말씀. 돌아볼 때마다 '좋은 선생님이 되지 못할 것을 각오하고 때로는 뼈아픈 훈육까지 주저하지 않았지만 결국 아이들에게 진심은 항상 통하는구나'라는 생각이 머릿속을 맴돌곤 하는 소중한 기억이다.

도대체 아이들 매력의 끝은 어디일까?

1년 차 때 만난 아이들이 너무나 사랑스러웠기 때문에, 솔직히 그 후로 나는 잘못이라는 것을 알면서도 '이보다 더 사랑스러운 아이들은 없을 거야, 이 이상 귀엽고 사랑스러운 아이들이 어디 있겠어?'라고 스스로 한계를 정해두고 있었다. 하지만 교사 생활이 해를 거듭할 때마다 내 생각이 틀렸으며 만나는 모든 아이들마다 사랑스럽지 않은 아이가 없다는 것을 확인하게 되었다. 평소 아이들이 보여주었던 배려하는 모습, 선생님을 생각해주는 말들, 엉뚱하면서도 통통 튀는 생각들, 무슨 일이 생기면 바로 선생님을 찾는 모습에서 확인할 수 있는 교사에 대한 신뢰, 언제나 교사를 따뜻하게 맞이해주는 모습 등 아이들마다 교사를 감동시키는 매력을 꼭 한 가지 이상씩은 가지고 있었다.

그런 아이들을 더 아름답고 훌륭한 모습으로 자라가게 하는 것은 참으로 의미 있는 일이 아닐 수 없다. 그런 점에서 이 아이들의 사랑스러운 모습이 무엇으로부터 자라났는지 끊임 없이 탐구하고, 교사의 말과 행동이 아이들의 성장에 어떠한 영향을 미칠지 상상하며 상호작용을 진행하는 보육교사는 참으로 가치 있는 직업이다.

그 어떤 어려움이 닥쳐와도
영유아교사들은 결국 이겨낼 거라고

아이들과 함께해온 시간이 어느덧 5년이나 흘렀다. 그 시간들을 통해 생각해보면 교사는 아이들에게 득이 되는 일이라면 그게 무엇이든 득달같이 달려들어 해야 하는 직업이기에 무언가 한 가지만 특출나게 잘하면 되는 것이 아니라 다양한 지식과 능력을 고루고루 갖추고 있어야 하는, 상당히 고단한 직업인 것 같다. 그러나 그렇게 부단한 노력이 담긴 한 해를 보내고 나면 아이들의 발달이 눈에 띄게 보이고, 그 모습이 마음에 새겨지면서 그해도 결코 잊을 수 없는 일 년으로 나에게 선물처럼 남곤 한다.

모든 교사는 이직할 거야, 그만둘 거야, 마음먹다가도 자신을 바라보는 아이들의 눈을 보며 그 마음을 다시 내려놓곤 한다. 거듭 말하지만 영유아교사들은 열악한 환경 속에서도 오직 아이들만 생각하겠다는 일념으로 교육자로서의 사명을 다하고 있다.

내가 현재 속하여 활동하고 있는 '영유아교사에 관하여'라는 커뮤니티는 영유아교사들을 위해 다양한 자료들을 제작하는 등 지원 활동을 펼치고 있다. 6년이라는 시간 동안 많은 영유아교사들과 공감대를 형성해왔으며, 아이들에게 더 나은 교육을 제공하기 위해 스스로 발전하고자 하는 노력을 쉬지 않는 교사들을 응원하고 있다.

물론 우리가 대화하고 생각들을 나누었다고 해서, 영유아교사들의 근무 환경이 눈에 띄게 달라졌다거나 사회적 인식이 몰라보게 개선되지는 않았다. 하지만 그래도 더 많은 교사들이 모여 이야기를 나누고 서로 연대한다면 멀지 않은 미래에 유의미한 변화들을 낳을 수 있게 되지 않을까? 영유아교사들이 서로에게 힘이 되어줄 수 있었으면 좋겠다.

여러 가지로 녹록지 않은 현실이지만 아이들에게서 존재 이유를 찾으며 이 길을 결코 포기하지 않는 영유아교사들이 지금의 어려움을 이겨내고 앞으로 나아가게 될 것임을 믿어 의심치 않는다. 이 땅의 영유아교사들이 매 순간 내딛는 모든 걸음들을 응원한다.

참고문헌

유병예, 「예비보육교사와 실습지도교사의 실습 경험에 관한 비교 연구」, 인하대학교 학위논문, 2013.

이경숙, 「보육교사의 인권 감수성과 직무 만족도와 교직 선택 동기에 관한 연구」, 중앙대학교 석사 논문, 2019.